ニューヨーク・ミリオネアの教え

幸せをつかむ人ほど「見た目」にお金を使う

イメージコンサルタント　一色由美子

Prologue

世界のミリオネアは魅せ方の天才

欲望渦巻くニューヨークで最も大切なこと

見た目はあなたの内面の一番外側

私の仕事はイメージコンサルタントです。日本ではまだメジャーではないかもしれません。ごく簡単に言えば、クライアント（顧客）の「こうなりたい」イメージに合わせ、ファッション、ヘアスタイル、メイクなどの外見を変えるアドバイスをする仕事です。ニューヨークで初めてイメージコンサルティングの仕事をスタートさせた時のクライアントは、いわゆるミリオネアやビリオネアと呼ばれる成功者たちでした。

ニューヨークは一言でいうと「Another Planet（別宇宙）」です。ありとあらゆる人が夢と野望を抱き訪れ、成功者から、夢破れた人たちまで、正と負のエネルギーと欲望の渦巻く街。文字通り信じられない程の成功者もいれば、フードスタンプ（福祉システムの一環。食料と交換できるスタンプ）でその日暮らしをしている人までいる——それがニューヨーク、マンハッタンです。そこは60㎢——山手線の内側程度の小さなエリアですが、世界の欲望と富が集まっています。私はそんな街で勝ち上がってきた、いわゆる成功者をクライアントに持ち、コンサルティングをしていました。

ニューヨークには日本と比べてケタはずれにリッチな人たちがたくさんいます。いわゆる富裕層と呼ばれる人たちは、代々、お金持ちの家に生まれて英才教育を受け、自分もエリートとして成功している人、あるいは他の街や外国からチャンスを求めてやって来て、一代で財産を築き上げた人たちです。毎年、1000万ドルの報酬を受け取り、郊外に建てたプール付きの豪邸で暮らし、自家用ジェットを使ってランチを食べに行く。日本人の私から見たら、クレージーでさえありました。

とはいっても、ここでは成功者の話をしたいわけではありません。

成功者のある〝共通点〟をお話ししたいと思います。

成功をつかみたい、自分の魅力を発揮したい、自分らしく生きたいと願うすべての人にとって、大きなヒントになると確信しているからです。私自身、彼らミリオネアをコンサルティングすることで、実は多くのものを学んできたのです。

成功者が絶対妥協しないことのひとつが、自己プロデュース。政治家、経営者、ビジネスパーソン、俳優、芸術家など、自分の価値や提供するサービスに付加価値をつけたい方が私のクライアントになります。彼らは自分の見せ方・魅せ方について誰よりも貪欲で、天才です。ビジネスより先に自分のイメージを作り上げ、自分をより魅力的に見せることに全力を注ぐ人も少なくありません。

イメージを作ることが、最速でゴールへたどり着く方法だと思っているからです。

イメージは誰もが最速で身につけることができ、直接的にその効果を行使できる。「でも、中身がともなっていなければ……」と思ったかもしれません。ですが、彼らは、「このビジネスで1億稼ぎたい」なら、それに合わせたイメージが、中身を示す最適な手段だと思っています。

なぜなら外見は中身の一番外側の部分だからです。

人と人が出会った時、相手の性格や能力、魅力についての印象を持つまでにかかる時間は、たったの30秒といわれています。

話す内容からの判断は7%。

声のトーンや話すスピードからは38％。
外見からは55％。

人はたったの30秒で、あなたの顔つき、しぐさ、目つき、ファッション、ヘアスタイル、物腰、しゃべり方など「非言語コミュニケーション」によって、あなた自身を判断しているのです！

これを知っている彼らは非常に合理的に自分のイメージを作ります。そして合理的な彼らは、コンサルティングにお金を支払い、イメージ作りを任せるのです。イメージを作るだけでなく、コンサルタントが集めた洋服に身を包み、コンサルタントが決めたヘアスタイルとメイクを施し、言葉遣いを変え、歩き方をトレーニングし、マナーを身につけることで、人を惹きつける魅力、人を信用させる信頼感、人から一目置かれる立ち振る舞いを手に入れる。なぜならイメージ作りは、最も費用対効果の高い投資のひとつと考えているからです。

合理的なニューヨーカーの〝思考のダイエット〟方法

話は変わりますが、私はニューヨークである大きな壁にぶち当たりました。大学卒業後、いわゆる大手企業に就職し寿退社。夫は外資系企業に勤め、経済的にも問題なく、しばらくして子どもを出産。そして夫の仕事でニューヨークへ。憧れのニューヨークで手に入れた自由な生活。でも私の中で何かがモヤモヤし始めたのです。そんな時にニューヨーカーの友人に言われた言葉に魂を射抜かれたようでした。

「ユミコは何がしたいの?」

私は自分が何をしたいのか、どんな人になりたいのか、どういう生き方をしたいのか……わかっていなかったのです。モヤモヤの果てにたどり着いたのがイメージコンサルティングという仕事でした。

見た目の効果は他者だけではなく、自分自身にも大きな効果を与えます。外見が自分も変えるのです。「どんな自分になりたいか」をイメージして外見を変えていくのがイメージコンサルティング。「どんな自分になりたいか」がわからずモヤモヤする。それはニューヨークのミリオネアも同じでした。彼らも人間です。モヤモヤした思いも時には持つに違いありません。でもその表し方や行動パターンが、私とはまったく違ったのです。そんな人たちと交流し続けていくうちに、彼らの目標や夢を叶える秘訣が見えてきました。

彼らが常に実践していたのは〝思考のダイエット〟でした。

体を美しくしたい時に食べ物や生活を変えるように、人生を美しいものに変えたいなら考え方を変える必要があります。それが〝思考のダイエット〟なのです。

このニューヨーク式思考のダイエットは、非常に合理的です。実践すれば誰でも、最短距離で自分の夢や目標を叶えることができます。

まず、自分が何をしたいのか、どこに到達したいのかという目標をクリアに持つこと。そして、どうしたらそこに到達するのか、その方法や道筋をしっかり自分で描き、リバウンド（挫折）しそうになったら、別の道に軌道修正し、進んでいくだけです。

その手段のひとつが見た目を変えることであることは、もうおわかりですよね。

あなたの将来のゴールはなんですか？
どんな人とお付き合いしたいですか？
どんな部屋に住んで、どんな服を着たいですか？
来年のヴァカンスは誰とどんなふうに過ごしたいですか？
あなたの笑顔で誰を幸せにしたいですか？

それに向けて、自分のイメージをとらえてみてください。そのイメージを身につけることが、じつはゴールに最速でたどり着く方法なのです。

人は誰でも、自分の思い描いた夢を叶えて成功する権利があります。それはあなただけのサクセスストーリーです。今現在、「とりたてて問題はないけれど、面白いこともない毎日」を送っている人もいるでしょう。ですが、そのままの自分でいたら、いつまでたってもストーリーは完結しません。たった一度の人生、日陰を歩くよりは人生のランウェイ（花道）を楽しく歩き、主役としてハッピーなストーリーに仕上げたいと思いませんか。

あなたが、自分らしく輝くストーリーを描いてみたいなら、〝ニューヨーク式思考のダイエット〟をぜひ取り入れてみてください。私がそのお手伝いをします。そして自分が思い描くストーリーの中で、自分だけのランウェイを思い切り美しく、手を振りながら歩いてみてください。

2017年9月　一色由美子

CHAPTER 1 Fashion 最速で魅力を引き出す

CHAPTER 2 Money 使ったお金が何倍にもなる

CHAPTER 3 Mind 「私は私」と思えたら

New York Style

CHAPTER 1

最速で魅力を引き出す

Fashion

自信を取り戻す最強のアイテム

見た目は名刺に勝る

「理屈はルックスに勝てない」

これは大ベストセラーになった竹内一郎さんの著書『人は見た目が9割』（新潮社）の帯にあった言葉です。

まさにその通りなのです。見た目は確実に内面を映し出します。その差は年齢を重ねるごとに顕著になります。50歳を過ぎればその人となりは、１００％見た目に表れるといっても過言ではないでしょう。意地悪な考え方をしている人は意地悪な顔つきになり、苦しい人生ばかりを送った人は、悲壮感漂う姿になっているはずです。朗らかに好奇心旺盛に生きてきた人はいつまでも若々しく、心優しい思いやりのある人は、誰よりも優しい顔になっているのです。

見た目とは、顔つき、服装、髪型、しぐさ、目つき、匂い、色など私たちを取り巻く言葉以外の膨大な情報です。名刺交換をする以上に〝私〟という歩く名刺が私たちを物語ってしまうのです。見た目ほど明確な答えが提示されているものはない、とさえ思います。だから内面の一番外側にある見た目を変えることは重要なことなのです。


女性の場合、きれいであることで得をすることが多いはず。


実際、様々な場面で、TPOに合った服装できれいにメイクをした女性と、まったく身なりにかまわない女性がいたら、同性の目から見てもどちらに目が行き、声をかけたいと思うかしら――想像してみてください。

友だち付き合いや仕事のお付き合いだけではありません。駅でちょっと道を尋ねる時も、きれいにしている時とそうでない時では駅員さんの対応がまったく違うと思います。洋服を買うブティックやレストランでのサービスもそうです。きれいにしている女性はきれいにしていない女性に比べると、受けられるサービスが格段に増えます。

ニューヨークの高級レストランでは、入り口の案内係が客の外見を見て、どの席に通すかを判断します。それこそ、髪型から靴までの全身を見るのです。きれいにドレスアップして堂々とした態度ならば、それだけで良い席に案内され、そうでなければトイレの前や人の通りが激しくて落ち着かない通路寄りの席に案内されてしまいます。

なぜでしょうか。レストランは自分の店の格を落としたくないのです。良いサービスを提供しているお店ほど、そのサービスを受ける客側に対しても品格を求めます。彼らはボランティアでサービスを提供しているわけではないのです。

外見を磨くことは、自分が満足する「自己への効能」だけでなく、「他者への効能」でもあります。

心理学の研究では、外見は対人認知（その人を理解すること）、対人行動（その人に援助をしたり、攻撃したりすること）に大きな影響力があることがわかっています。また、アメリカで陪審員を対象にした実験では、被告の外見によって判決が変わり、美男美女であるほど刑が軽くなることも示唆されています。

国や人種にかかわらず、整った容姿には他者を引きつける効果があります。その結果、美しければ何らかのチャンスをつかむ可能性が非常に高くなる、というわけです。

逆に、どんなに知的で品が良く、会話をしてみれば誰もが好きになってしまう人でも、身なりにかまわないというだけで「何だか冴えない」「素敵に見えない」ということもあります。その結果、新しい出会いや誰かと親しくなるきっかけを失っている場合も多いのです。

「見た目だけで判断されたくない」という人もいますが、ならば逆に「見た目だけで損をすることはもったいない」と思いませんか。見た目は説得力です。それでも「人は中身が大事」と考える内面重視型の人は、外見とは自分の内面の素晴らしさを証明するひとつの手段だと考えてください。

服、メイク、髪だけで、運さえ変わる

毎日、自分史上一番きれいは更新できる

イメージコンサルティングにやってくる人はみな、自分のイメージを磨きたい、けれど自分ではどうしていいかわからないという方たちです。客観的にその人たちに合ったイメージを提案するのが私の仕事です。そこでまず最初にすることは、服装とメイク、髪型などの外見を美しく整えることです。すると、ほとんどのお客様から、

「外見を変えてから、出会う人が変わった！」

「運気がアップしました！」

という報告を受けます。

先日は、30代男性のお客様から、「社内体制の改編のタイミングで、お陰様で執行役員に就任することができました」という嬉しいご報告を頂きました。就任時の社長からの言葉は「あなたは自分を変えると腹を決めて、コンサルタントまで雇って自らを変えた」だったそうです。

外資系の大きな企業に勤めるだけあって、そのお客様は数十万円するハイブランドの高級スーツに身を包んでいました。でも、ラペル（襟幅）や袖の長さ、色、ストライプの幅、など、イメージコンサルタントの目から見ると10カ所以上のNGポイントがありました。

そこで新しく作り直していただきました。もちろん高級服地を使いましたが、上手にテーラーを選び、オーダーしたため価格は半額ほどに抑えることができました。自分に似合うスタイルやデザイン、色、柄を選び、正しい着こなしをするかしないかで、洋服は値段以上にも、値段以下にも見えてしまいます。

髪型やメガネ、服装、靴を変えるだけで、自信がついて顔つきや物ごしまで変わるのです。その結果、ビジネスマンとしての信用が格段に上がったということです。

ビジネスでもプライベートでも、見た目を変えると相乗効果は何十倍にも出ます。

もっとも、きれいとは顔の造作の整った絶世の美女を指すわけではありません。メイクによって、肌をより自然に美しく見せたり、スタイルを魅力的に見せる服装をすることによって自分の魅力を最大限に引き出した姿を指します。

自分史上〝一番きれい〟は、毎日更新できます。その度に自信がつきます。そうしてきれいになれば自分の内面が変わり、背筋も伸び、自然に笑顔でいられるようになります。

自信に満ちてくるから、パーティや異業種交流会など、それまで気おくれしていた場所にも堂々と行けます。そういう場へのお誘いも増えるのです。婚活中の人なら、出会う男性のランクが上がりますし、ビジネスチャンスを狙っている人なら、夢を応援してくれる人に出会いチャンスをつかんだ、という話が私の周囲にあふれています。

現在、心にモヤモヤを抱えている人はまず、見た目を変えてみてください。メイクアップの練習、洋服の買い替えなど、はじめの一歩は何でもかまいません。どうせやってもムダだし……などと迷っているようなら、余計なことは考えずに実行してください。そこからあなたの扱われ方が変わり、あなたを取り巻く環境が変わります。

Column 1

メイクで美しくなる本当の理由

美しく変わった自分への驚きと喜び

私のブログで掲載しているイメージコンサルティングのBefore＆Afterを見た方に、「Afterを見てびっくりしました。なぜこんなに変わるのですか？」と聞かれます。なぜでしょう。それはメイクで美しく変わった自分を見て、その喜びが素直に顔に表れているからです。

美人に見える理由は、内面からあふれる喜びやポジティブさです。そういう方たちの共通点は、イキイキしていて、目が輝いていて笑顔が美しいこと。笑顔が美しいと、それだけで肌がワントーン明るく見えるから不思議です。笑顔は、ストレスを軽減させ、免疫力を向上させる効能がありますし、ダイエットや美肌などの美容の効果も絶大です。「素敵な人に出会えない」、「私ってついていないんです」と、なかなか笑顔になれない毎日を送っている方こそ笑って欲しいもの。

笑顔はエンドルフィンという幸せホルモンを分泌し、幸福感をもたらすといわれています。また素敵な出会いを呼び起こす引き寄せ効果もあるのです。だからつまらないと思う毎日でも、笑顔を作って過ごせば、幸せのループに入り込めます。意識的に笑顔を作り出すことで、どんどん幸福感が増し、集まってくる人が変わります。

成功を目指すなら カワイイよりエレガント

外見でレベルが値踏みされる

ニューヨークではお金を稼いでいる男性は非常によくモテます。それは日本でも多かれ少なかれ同じだと思います。

それをフェアでないという男性も時にはいますが、自分を売り込む際、その人の能力、思考、コミュニケーション力、財力、知力、外見など様々なものが、ひとつのパッケージになるのは当然のこと。財力でモテることはけっしてアンフェアではありません。

男性の場合は財力が、女性の場合は外見が非常にものをいうのがニューヨークです。

それはシンプルでとてもわかりやすいです。

ニューヨークで私のクライアントだった投資家の話です。彼は弁護士から金融界に華麗に転身し、再婚相手を探したところ、びっくりするくらいの女性からデートのお誘いがあったそうです。現役のモデルや女優から女医さんまで、とっかえひっかえデートを繰り返す毎日。

最初は有頂天だった彼も次第に女性たちが自分ではなく、自分の稼いでいるお金に恋をしていることに気がつきます。彼はいつもパリッとした高価なスーツに身を包み、颯爽と名刺を配っていたのですが、ある時、昔着ていたヨレヨレのスーツを着てパーティへ行くと、きれいな女性は誰ひとりとして、彼に見向きもしなかったそうです。

例えば、高級車や最高級マンションを売っている営業マンがヨレヨレのスーツを着ている。あるいは健康で長生きをサポートしますとうたっている健康食品の営業マンが、顔色が悪く、疲れて見える。高級化粧品で素肌が美しくなるとコマーシャルしている化粧品販売員の肌が吹き出ものだらけで汚い……。そんな人が商品を売り込んできたら、あなたはその商品を欲しいと思うでしょうか。

じつは日ごろから私たちは外見から相手を判断し、彼や彼女がどのくらいのレベルの人間かということをキャッチしているのです。

逆にいえば、「この人は何か輝いているなぁ」と思わせる外見やオーラを持てば、そのレベルに合う人たちが自然と集まってくるものです。

大人の女性として尊敬される

私のところには、年齢より若く見せようと努力してきた女性たちが、ふと気がつくと、かつてのように大切に扱われていないことにがく然とし「何とかしなければ」と相談に来てくださることが少なくありません。またちょっと冴えない男性ばかりにいい寄られて辟易している女性たちもイメージを変えるためにいらっしゃいます。

では、彼女たちは見た目にまったく無頓着なのでしょうか。いいえ、皆さん、驚くほど可愛いファッションやメイクをしています。ただし、日本的な「可愛い」なのです。

アメリカでは「cute（カワイイ）」は子どもに対して使う言葉で、大人の女性に対しての褒め言葉ではありません。大人の女性として認められるなら、ビューティフル、ゴージャス、セクシーといわせないといけません。

どんな人たちと付き合いたいのか、人からどんな扱いを受けたいのか――そのためにはあなたのイメージを考え、変えていく必要があります。

例えば周囲の人から尊重してもらいたい、自分の意見をしっかり聞いて欲しいなら、年齢に合わないファッションはやめましょう。

リボン、フリル、ミニスカート、いつまでも可愛い格好やメイク、髪型では、人からは尊敬されません。

冴えない男性ばかりにいい寄られてしまう人は、おとなしいイメージが強過ぎることがほとんどです。

「おとなしそうだから、冴えない俺でもしつこく押せば付き合えるのでは」

と思われてしまうためです。ですから、凛とした大人の女性イメージになれば、彼らは退散します。

ラブリーなワンピースではなく、エレガントなスーツや時にまとめ髪はどうでしょう。メイクもナチュラルではなく、アイラインやアイカラーをきかせるのもいいですね。あなた自身が凛とした大人の女性を演出すれば、それに見合った大人の男性が近づいてきてくれます。

さあ、今から本当に自分のなりたい姿をイメージしてください。そして、そこに近づくためにメイクやヘアスタイル、ファッションから変えていきましょう。

ヘアカットに8万円払って手に入れるもの

美人は生涯年収で3000万円得をする

ニューヨーカーにとって、手のかけられた若々しい外見は、成功のシンボル。男女を問わず、成功者ほど美しいといわれています。テキサス大学の労働学の権威である、ダニエル・ハマーメッシュ教授による働く男女7500人を対象にした実験では、見た目の良さ（好感度）が平均以上の人は、平均以下の人に比べて生涯年収が3000万円高く、大きな会社のCEOほど、背が高く容姿が良いことがわかりました。

アメリカでは、「常にベストを尽くして最高の状態でいるべし」といった美的意識があります。そのため、社会的に成功している人ほど、何歳になっても食事・運動に気を遣い、きちんと自己管理をするのが普通です。

健康と美しい体のためのワークアウトは必須。仕事前にジムに通う人も多く、セントラルパークをランニングする人もニューヨークの日常風景になっています。ジムでは、スピニング、ヨガ、ピラティス、ズンバが人気で、これらのメソッドは遅れて日本に入ってきています。

ニューヨークで主流の女性の美しいスタイルとは筋肉と脂肪がバランス良くついた、メリハリのある体です。肥満は自己管理能力の低さを疑われるため、もちろんNGですが、日本のような極端な痩せ信仰もありません。痩せ過ぎた体も肥満同様の不健康なイメージを持たれるのです。

ヘアメイクはこまめにプロのサービスを受けている人が多く、特にヘアスタイルは年収を表すといわれるほど、大きなポイントになります。きちんとセットされた髪が富の証拠となるのです。

ヘンリベンデル（ハイクラスデパート）にあるセレブ御用達美容院「フレデリック・フェッカイ」のカット料金は200〜700ドル（2〜8万円）。700ドルも払う価値は、払った人にしかわからないのです。彼女たちは似合うスタイルと1点の曇りもない自信を手に入れているのです。

白人の髪は、日本人に比べると髪質が柔らかく、コシがないためにペタッとしがちです。そのため、ブローのためだけに美容院に行くことも珍しくありません。ニューヨークの富裕層が年間にかける美容院代は平均200万円といわれています。

ネイルも男女問わず手足の手入れをサロンでします。日本で流行っているような可愛らしいジェルでのネイルアートはセクシーさに欠けるのと、毎週色を変えたいという理由で、ラッカーネイルを単色で上品に仕上げるのが主流です。

美容整形も西海岸は豊胸手術や顔そのものの造作を作り変える美容整形が盛んですが、ニューヨーカーは「フェイク（偽物）」だといって好みません。ニューヨークでの美容整形は自然な感じが主流。ボトックス、フィラー、ピーリング、超音波、レーザーなどを使った若返りのための施術がメインです。その点は、日本と大差がないように思います。

年齢は単なる数字

ニューヨークでは、女性に年齢は聞きません。実際ブラインドデートなどでは本当の年齢を話さない人もいるほど、見た目年齢で勝負できるのです。

日本では女性を年齢で区別することが非常に多いように思います。アラサー、アラフォー、アラフィフなどカテゴリーで決めることが大好きです。若く見えていても実年齢を知って、「この人って若く見えるけど、本当は……」などという日本人男性に出会うと「年齢でしか女性を見られないなんて、知的じゃないな」と思ってしまいます。

転職、妊娠出産、結婚など、日本の女性は嫌でも年齢制限を感じて「こうあるべき」という見えない枠の中で生きています。

アメリカに渡った時、まったくその枠を感じない世界を知って、「なんて良い国なんだろう」と心から思ったことを覚えています。シニアになっても大学で学び、仕事に生かせる資格を取っている方々、再婚、再々婚相手を探している70代の方……、どんな生き方をしても決して誰からも非難もされないし、当たり前のように人生を謳歌しているのです。

「Age is just a number!」(年齢は単なる数字)

自分が何かに挑戦しない時の言い訳に年齢を使わないことをおすすめします。本当にやる気があれば、いくつになってもできることがたくさんあるのです。

そして「Weight is just a number!」(体重は単なる数字)

自分の体重に一喜一憂するのもやめましょう。家に大きな鏡を置いて、自分の目で確かめること。２kg痩せても健康できれいでなければ意味がないからです。35歳を過ぎたら、見た目年齢で勝負できる女になることが、何より大切です。

美容院は3000円プラスで3万円分きれいになれる

髪型だけで小顔効果絶大

イメージカウンセリングにいらっしゃるお客様の多くは、「美容室に行く前にフェイス分析を受けて似合う髪型を知りたい」とおっしゃいます。

ニューヨークと東京では、女性の髪型の目指すものは真逆かもしれません。ニューヨーカーはセクシーでゴージャスであることがとにかく大切。骨格の違いもありますが、前髪を作るヘアスタイルの方はほとんど見かけず、ボリュームを出すために外巻きにコテで巻く、ゴージャススタイルが主流です。

逆に日本人はいかに若く見せるか、可愛いかが大切です。日本の男性は、ゴージャスな女性には怖気づいてしまうため、男性目線を意識して可愛さや清楚感を追求する女性がほとんどです。

似合う髪型選びで大切なのは、まず顔の形。次に髪の質や量。

卵形、丸顔、面長、ベース形、逆三角形、四角形など、自分を鏡で見て、あるいは周りの人たちに聞いて、自分の顔型を知りましょう。顔の幅が広い丸顔は、前髪をあげたり、トップにボリュームを持たせることで、顔の幅を縮め、小顔に見せることができます。耳を隠す髪型だとより顔が細く見えるでしょう。

顔の幅が狭く縦に長い面長は、隙間のない前髪で顔の長さを短く見せたり、サイドの髪にボリュームを作ることで顔の幅を広く見せてバランスを取るのがおすすめです。

ベース形や四角形のようにえらが張ったタイプの場合、マニッシュにするよりも、女性らしく見せるほうがベター。えら周りにカールなどで動きをつけてカバーするか、ボブスタイルなど、えらを隠す髪型もおすすめです。

卵形は、比較的どんな髪型も似合います。ショートからロングまで様々な髪型にトライしてみてください。

髪の量で悩んでいる方も多いですが、少な目の場合、ロングにすると髪の重みで、ますますトップが薄く見えることが多いです。セミロングやショートなど短めのスタイルでトップにボリュームが出すほうが、若々しく見えます。ボリュームアップのためにパーマをかける手もありますが、ミディアムより短い髪でかけると、昭和のお母さん風になる場合もあるので、センスのいい美容師さんに相談しましょう。

指名は絶対トップスタイリスト

私はヘアスタイルに悩んでいるお客様には東京都心の人気店の、トップヘアスタイリストをご紹介させていただいています。

もちろん、費用はそれなりにかかりますが、近所のそこそこのお店で、何だか気に入らない髪型にされて髪が伸びるまでの3カ月間過ごすことを考えてみましょう。

いつもの値段に3000円プラスすれば、都心で勝負している人気のトップヘアスタイリストにお願いできます。3000円の出費で、3万円分のきれいを手に入れられるのがヘアスタイルと肝に銘じて。

美容室は値段の安さや通う時の便利さだけでなく「値段以上に素敵になれるか」と、合理的に考えてください。美容室は費用対効果で選びましょう。

おでこのシワを隠す目的で前髪を作っている方は多いですが、前髪をあげたほうが、お顔が小さく見えたり、顔立ちの良さが際立つケースもあります。

また髪が多く、ツヤのないマットな髪質の方で、椿油などのオイルを塗ってしっとりさせている方がいらっしゃいますが、これはNG。髪を洗わないためにべっとりしているように見えてしまいます。オイルを塗る場合はごく少量を毛先から伸ばすようにしてください。

縮毛矯正をかけている方の場合、顔周りの髪にボリュームがでず、お顔が大きく見える方も少なくありません。最近の縮毛矯正は、毛先を巻くなど、様々なアレンジが利きますので、ボリュームを失わないよう柔らかなラインに仕上げてもらってください。

ヘアカラーが明る過ぎる、暗過ぎる、赤過ぎる、艶がなさ過ぎるなど、髪の色が顔の色に合わず残念な方も少なくないです。「明るくする＝若く見える」と思われがちですが、パーソナルカラーによっては髪の明度を上げると品がないヤンキー風に見えてしまうことも。日本人の場合、髪の色を明るくすると、コントラストが弱くなり顔が膨張して見えたり、輪郭がぼやける方が少なくありません。自分の肌の色に合うカラーと艶感を出すカラーを選びましょう。

日本人の顔色で比較的肌なじみが良い色がアッシュだと思います。できれば一度は似合う髪色診断を行っているカラーアナリストを訪ね、自分にぴったりのカラーをアドバイスしてもらうのがベストです。私のところでは、髪色診断も行い、ヘアカラーのアドバイスも行っております。

New York Style

美人な人ほどノーメイクの罠にハマりやすい

清楚はノーメイクでしか表現できない？

「メイクをするべきですか？」「メイクをしても変わらないのでしていません」

すっぴん派かメイク派か意見が大きく分かれるところですが、イメージコンサルタントの立場からいえば、女性にとってのメイクは社会人としての礼儀、エチケットだと思います。


職場にノーメイクで出かけるのは、寝起きのまま歩いているのと同じこと。もちろん汗をたくさんかく厨房のようなところで働いている方は、メイクしていても落ちてしまったり、衛生面の問題もあるので、メイクをしなくても仕方ありません。

ただ、特別な場合を除き、メイクをすることは相手に敬意を払うという意味も含まれているのです。いくらきちんとした服装をしていても、眉も整えず、クスミやシミが目立つ肌のままで人前に立つのは大人の女性としての常識を疑われても仕方ありません。

私は時々医療系クリニックなどでコンサルティングを行いますが、男性のドクターからこっそり「ノーメイクで身なりにも構わない子たちに、きれいにするように教えてほしい」といわれることも。男性のドクターがいうと、セクハラ、パワハラと思われかねないので依頼されるのです。ドクターたちがいっているのは当然のこと。スタッフがきれいにして、笑顔で患者さんを迎えてくれれば、クリニック全体の雰囲気がよくなり、イメージアップにつながるからです。

日本の男性はノーメイクの清楚な女性を好むことが多く、「清潔感のあるすっぴんがいい」とおっしゃる方もいますが、彼らがいうノーメイクとは、一見自然に見えるように作り込まれていて、厚化粧に見えないすっぴん風メイクのこと。けっして寝起きのままの姿を好きな男性はいないでしょう。

私のところにコンサルティングに見える女性の中にはずっとメイクをしてこなかった方も実は少なくありません。そういう方は肌がとてもきれいで、メイクでシミやクスミを消す必要がなく、ファンデーションを塗らなくても見劣りはしません。美人の顔立ちの方も多いです。

ですが、20代のころはメイクをしなくても可愛らしかった女性も、30代、40代と年月を重ねていくと、どんなに肌がきれいでもノーメイクではあまり良いことが起こらないのです。

海外旅行でミュージアムに入る際、30代なのに高校生料金を求められた、飛行機の中で、隣の席の外国人男性に子どもだと思われて話しかけられた、などです。それを「若く見えてラッキー」と取るとしたら、ちょっと残念です。

子どもっぽく見られるより、知性ある成熟した女性、大人の美しい女性として扱ってもらうことのほうが、あなたの価値を高めるからです。派手ではない、清楚な女性を目指すにしても、きちんとしたメイクアップが必要なのです。

もちろん、いつでもバッチリなフルメイクが必要ということではありません。私も近所のスーパーへは大きなサングラスにすっぴんで出かけてしまいますし、一般には職場に派手なメイクで出勤しては逆にマナー違反です。赤ちゃんに触れるママが、派手なお化粧をしているのも違和感があります。

「今の自分の立場や、これから会う相手に合わせる」ということを想像すれば、自然とＴＰＯに沿ったメイクができるはずです。

化粧で美しく化けるのは女の喜び

メイクは肌を守り、美を引き立てる

先日いらしてくださったお客様は、生まれてから一度もメイクをしたことがなく、口紅を塗る程度だったそうです。理由は、自分の顔が気に入ってるし、色白で肌トラブルもなく、年齢のわりにきれい。厚化粧はしたくないし、ナチュラルなままでいたい、とのこと。

メイクに対しての抵抗感が強く、それならなぜメイクとファッションのアドバイスを求めて私のところにいらしてくださったんだろうと思いましたが、どうも心の底にモヤモヤを抱えているのでは、と気づきました。「自分の顔に自信がある」とおっしゃるわりに、笑顔がありませんでした。どこか表情が暗く不安げな様子があったのです。

そこで、メンタルアプローチによるコンサルテーションに切り替え、相当話し込みました。そして彼女が今、他人からどう見えているのかもお伝えしたのです。パーツごとの見え方から、少し離れて見た時の印象を分析してお話しした上で、実際に眉を整え、メイクを施すと、「メイクをしたほうがきれいになれる」と気づいてくださったのです。

〝自分が考える自分の姿〟と〝現実に他人が見ている姿〟がかけはなれていることはまれにあります。鏡を毎日見ているのに、鏡の中の自分の実際の姿を見ていないことがあるのです。例えば、自分の目には「清楚で少女のように若々しいすっぴん」に見えていても、他人の目から見れば「野暮ったく疲れた印象の中年女性」であることもあります。

それから彼女は素直に自己開示をしてくださいました。

彼女は国際結婚していた男性と離婚し、元夫には新しい女性がいること。日本で結婚したけど、日本では外国人である夫がモテてしまい他の女性に奪われてしまうことを恐れて、あえて海外で生活を始めたこと。

それでも離婚ということになってしまったこと――。他人には仮面をかぶり、とても強く見せていたけれど、実は誰よりも繊細な方でした。

翌日、しっかりメイクをして、「アドバイスをください」との写真付きのメッセージをいただきました。そこにはきちんと眉を描き、ツヤのある肌に口紅が映える彼女が写っていました。表情もふっきれたように明るく見えます。新しい人生に向かって頑張って欲しいと心からそう思いました。

また先日いただいたお客様からのメッセージには「お恥ずかしながら、今までの私はメイクについて、〝肌に負担をかける良くないもの〟とマイナスイメージを持っていました。メイクで自分の欠点を隠したり、肌が荒れてしまったりするくらいならナチュラルでいたほうが気持ち良いと思っていたくらいです。由美子さんのコンサルティングを受けてから、メイクは欠点を隠すものではなく、自分をより魅力的に見せるものという風に変わりました」

誰しもコンプレックスはあると思います。私も自分の顔が好きでない期間も長かったのです。自分の顔のコンプレックスにフォーカスしてずっと鏡を見ていた時と自分の良さを活かしてメイクをするようになった今では、鏡の中の自分の見え方が違うのです。

メイクは肌荒れを引き起こすものでもあなたに仮面をつけることでもありません。メイク用品は日進月歩で肌のことを考えて進化しており、排気ガスや有害物質を含む空気や紫外線に直接触れさせるより、肌をプロテクトして健やかに保ってくれます。また、あなたの中にある様々な魅力を引き出し、ドレスアップした素敵な洋服がより映える顔にもしてくれるのです。そしてメイクをすることは、ご一緒する方への大切なエチケットだということも忘れずに。

Column 2

〝美肌〟の9割はファンデーションで決まる

ワンランク上の美肌に欠かせない色選び

年齢を重ねるごとにスキンケアと美肌の関係は深まります。とはいえ、やっぱりファンデーションの即効性に勝るものはありません。「ノーファンデ、すっぴん派」を貫く方もいらっしゃいますが、紫外線や汚れた大気を肌に直接浴びることを考えると、やはりファンデーションは保護の意味も含めて美肌の強い味方。

そこでワンランク上の美肌のためのファンデーション選び。第一に保湿成分がたっぷり入ったファンデーションをオススメします。乾燥したオフィスで時間がたつにつれ小ジワが目立つことなく快適にすごせます。次に美肌のポイントとなるのが色選びです。肌の色は夏と冬だけでなく春と秋でも微妙な変化があるはずです。また生理前と生理中、生理後でさえも、女性の肌は質も色も変わります。つい自分の肌より明るめの色を選びがちですが、それは間違い。もちろん時間がたつとくすんで黒ずんでしまう色も×です。

毎日変わる肌に合わせて濃い色と明るい色の2色持ちがベスト。夏場に日焼けして肌色が暗くなったらワントーン濃い色を多めに、秋から冬にかけては明るい色を多めに混ぜて使います。

ポイントはオークル系＋ピンク系の2色使いではなく、同じカラー系統の中で2トーンの色を混ぜること。あなたをつややかに魅せる色を毎日作り出すのも美しさへの第１歩です。

New York Style

美白よりツヤ感が美人の近道

紫外線対策をし過ぎて魔女になる女たち

夏になると、腕に日焼け防止用のアームカバーをつけ、顔を完全に覆い隠すサンバイザーをつけている女性が現れます。時々その姿で前方から自転車で走ってくるのを見ると、本当にびっくりします。

ニューヨーク時代の私の友人はそのいでたちで近所を歩いていましたが、「あの女性は魔女か」と噂されました。ニューヨークならポリスに職務質問されたり、不審者として連行されても文句はいえません。私は冬が厳しいニューヨーク生活が長かったせいで、太陽のありがたみや恩恵を感じ、また日焼けに対する考え方が少し変わりました。

不思議なことに紫外線を完全ガードしている女性に肌がきれいな人があまりいないのはなぜなのでしょうか。

紫外線を完全にシャットアウトすると、ビタミンDが不足しやすくなるのをご存じでしょうか。ビタミンDはカルシウムの吸収率を高めて、骨の新陳代謝を活性化します。また、最近の研究ではビタミンDに、インフルエンザやがんになりにくくするための免疫力を高める力があるともいわれています。

もともと日本人の血中ビタミンDは不足しがちだともいわれています。冬になると天候が荒れ、太陽を浴びにくい北日本で暮らす方、顔、首、手、足などの露出している部分に日焼け止めを塗っている方、昼夜逆転の生活を送っている方は、紫外線の働きが届かず、ビタミンDが不足しやすいので、健康を損ないやすい危険があります。

顔のシワやたるみの原因は紫外線だけではなく、実は「頭蓋骨の骨粗しょう症」ともいわれています。更年期や閉経による女性ホルモンの減少に伴って骨密度が低下することは避けられないものですが、だからこそ若いうちにカルシウムをしっかり吸収して頭蓋骨の骨密度を維持する必要があります。

頭蓋骨の老化が顔のシワやたるみにつながってしまうのです。シミを防いでもシワ、たるたるでは意味がありません。

美白先進国日本ですが、白人と日本人の肌の質は大きく違います。日本人の場合、ツヤがなくただ白過ぎる肌は顔色を悪く見せたり、骨格に凹凸が少ない顔を大きく見せ、エイジングによる老化も目立ちやすくなります。

私がお客様に肌を美しく見せるためにもっとも大切だとお伝えするのは、ツヤ感です。白い＝ツヤではありません。また、夏は多少、肌色が濃いほうが、露出度の高い鮮やかな色の服をきれいに着こなせます。

完璧な紫外線対策を行っている人たちの目的は、シミを作りたくない、ということだと思います。シミは肌のターンオーバーが上手にされておらず、メラニン色素を排出できないために起こります。

必要以上に紫外線を浴びることだけでなく、摩擦や刺激もＮＧですし、肌のバリア機能である潤いが足りなくなることでも、シミはできます。それ以外にもストレス、女性ホルモンの変化、睡眠不足、喫煙、飲酒、食品添加物、便秘などが、老化とシミの原因となるのです。

シミは紫外線だけによってできるものではないことを理解すれば、全身を覆うことなく、紫外線を適度に受けてビタミンDを作りながら健康な美肌を得られるはずです。ファッション面で見ても、アームカバーやサンバイザーなど、紫外線対策のやり過ぎは絶対に素敵に見えないので、ほどほどにしましょう。

出世の世界基準は「美しい歯」

3カ月に一度は歯医者でクリーニング

どんなにきれいな女性でも、口を開いた時に見える歯が黄色いともったいないなと思います。

ヘアスタイル、メイク、ファッションのすべてが完璧でも、笑った途端に努力が全部ムダになるほど、黄色い歯は美貌を損ねますし、清潔感も損ねます。

私はアメリカに渡って、歯科に対する認識が変わりました。アメリカでの歯科診療は虫歯治療がメインではなく、予防医療がメインなのです。アメリカでは、出世の条件に「美しい歯」という項目があります。歯並びが悪かったり、歯が黄色いと「そこそこの教育しか受けていない＝トップの器ではない」と思われてしまうのです。

虫歯がなくとも3カ月から6カ月に1回は歯医者さんでクリーニングをし、必要ならホワイトニング処置をしてください。ホワイトニングは自費診療で数万円のお金がかかることがありますが、高い化粧品をいくつも使うくらいなら歯に投資をしたほうが費用対効果は高いです。

しっかり歯みがきをしていても、コーヒー、紅茶、ワインなどポリフェノール、タンニン、カテキンが多く含まれる飲料や食品、濃い色の食べ物の色素が染みついて変色します。

また、エイジングによって、象牙質の色が濃くなってきたり、歯の表面を覆うエナメル質が摩耗して薄くなることで象牙質の黄色みが透けてくることも黄ばんだ歯の原因になります。それぞれの原因に合ったホワイトニング処置をドクターや歯科衛生士と相談してみてください。

タバコのヤニ汚れは論外です。ニューヨークでは公共の場での喫煙は一切禁止されました。極寒のニューヨークの冬の時期、ビルの前の一角で、寒そうに喫煙している人たちは、本当にみじめに見えます。

欧米から友人が来た際に、東京のレストランでタバコを吸っている人たちを見ると、必ず皆さん眉をしかめて、日本が嫌煙権に対してどれほど遅れているかという話になります。

昨年、一流ホテルの経営者の会に友人から誘っていただき出席しました。着席スタイルのディナーの席で、皆さんタバコを平気で吸われていて、それだけで加入する気持ちが失せました。自分が吸いたいからではなく、周りの方々に〝百害あって一利なし〟の煙をまき散らすことに対するマナーを、日本でももっと徹底していただきたいと思います。

大人の歯列矯正はフェイスリフトのおまけも？

欧米では歯並びにもこだわりがあり、ティーンエイジャーのころに歯列矯正を行うのが一般的です。特に八重歯は〝ドラキュラの牙〟と呼ばれて嫌われるため、抜いてしまうものです。歯列矯正はお金がかかるものですが、口元のコンプレックスもなくなりますし、皆さんの前で堂々とお話ができるようになります。また骨格が変わるため、小顔効果も大いに期待できます。

私は大人になってから矯正しましたが、ぼやけていた顔のラインが変わり、顎がずっとシャープになりました。何よりニューヨークで生活していた際に、コンプレックスを感じず、どこでも堂々としていられました。

歯列矯正も今は治療期間や費用に応じた様々な方法がありますから、歯医者さんに相談してみるといいでしょう。

虫歯治療の銀歯があるのも、美しいとはいえません。セラミックやレジン素材の白い歯に入れ替えることをおすすめします。銀歯は見た目だけでなく、歯茎を変色させたり、ある時突然、金属アレルギーを引き起こすおそれがありますし、発がん性があるともいわれています。

ただ、白い歯は自費治療のため、高額なのは事実。お財布と相談になるとは思いますが、歯は一生お付き合いするものですし、顔の真ん中にあって影響力の大きいものです。費用は地域や歯医者さんによって大きく異なりますので、何軒かのクリニックに問い合わせてみてください。

歯のケアにかける費用には、その金額以上のリターンがあります。特に歯にコンプレックスがある人は思いきって歯医者さんに行ってください。口元を気にせず人と話すことができ、手で口を覆わずに笑うことができるようになります。それだけで人生が明るくなるはずです。

Column 3

プチプラコスメは大人こそ使いこなして

合わなければ買い替えるのがコスメ道

私もこの仕事を始める前は、高級化粧品のカウンターに座っただけできれいになれる気がして、すべて高級化粧品でラインナップを揃えていた時代があります。ですが、メイクアップをニューヨークと東京で習ってわかったことがあります。それは必ずしも有名なメイクアップアーチストの方々が高価なものを使っているわけではないということ。

高いわりにパンダ目になってしまうマスカラや、意外と似合わなかったアイシャドウなどを、「高かったから」と手放すことができずに使い続けているなら、プチプライス（プチプラ）コスメを選択するのも一考です。プチプラなら、パンダ目になるマスカラなら惜しみなく処分できます。また、手頃な価格なので、アイシャドウや口紅などの色ものは冒険しやすくなります。高級ブランドの口紅1本分の価格でプチプラなら3本買えます。

普段はベージュ系の口紅しか買わない人も、レッド系やローズ系を試し、新しいイメージに挑戦してもいいでしょう。プチプラコスメを購入する時は、化粧品比較サイトでチェックすることをおすすめします。年齢別や肌タイプ別におすすめ化粧品が紹介されているので、自分に合ったコーナーを見ましょう。

「足元を見る」のは世界共通。靴にステイタスが表れる

美脚を作るのもパンプスの力

靴とバッグ、アクセサリーはコーディネートを彩る重要なポイントです。よく着ている洋服が、靴、バッグ、アクセサリーを変えるだけで、まるで違った洋服に見えるものです。ショッピング同行では「靴を選んでください」と頼まれることが多々あります。では「今日購入した様々な洋服に似合う1足を選んでください」といわれた場合、どうするでしょうか。

「足元を見る」とはよくいったもので、ニューヨークの一流ホテルやレストランのボーイや案内係が客のステイタスを素早くジャッジするポイントは靴。実際にカジュアルな服装をしている人でも、上質な靴を履いていれば丁寧に扱われることもあるほどです。

日本ではそこまでレストランが客のステイタスをはかることはありませんが、普段の生活の中でおじぎをしたり、うつむいた拍子に、靴は真っ先に目に入りますから、自分が思っている以上に人目につく部分だと考えてください。

日本人はついついバッグでラグジュアリー感を表す方が多いですが、その際に靴が汚れていたり、安っぽく見えた場合、「きっと無理してバッグを購入したのね」と思われかねません。


靴は同じものを毎日履き続けると、傷みが早くなります。お気に入りの靴を休ませながら履くためにも、ローテーションできるだけの靴は持っているほうがよいでしょう。ベーシックなパンプスやブーツのほか、スニーカーもあると便利。カジュアルな服装の時だけでなく、スーツやワンピーススタイルに合わせて「はずしのテクニック」として履いても可愛いです。ドレスアップ用のハイヒールや、会社には履いていけませんがプライベート用のサンダルもあるとコーディネートの幅が広がります。できるだけ少ない数で合理的に靴を活用したい人、どんな靴を選んでいいのかわからないという人は、次のポイントを参考にしてください。

《脚が一番きれいに見えるヒールの高さ》

ハイヒールは、高ければ高いほど脚がきれいに見えると思っていませんか？　じつは高過ぎても、バランスからいって脚がきれいに見えないのです。

ポーランドのある大学が〝脚の長さと魅力の関係について〟調査したところ、身長に応じた脚の長さよりも５％長い脚がもっとも魅力的に見えるという研究結果が出たそうです。

日本人女性の平均身長は約１５８㎝、脚の長さは約72・２㎝といわれています。そこから考慮すると平均的な日本女性の場合、１５８×０・０５＝７・９。

7～８㎝ヒールがもっとも美脚に見せてくれる、ということになります。

脚の長い人はもう少し高いヒールでもＯＫですし、逆に脚の短い人が高いヒールを履くと、かえってバランスが悪く見えるのです。また、背の低い人が厚底靴を履くと靴ばかりが目立ってバランスが悪くなり、かえって背の低さが目立ってしまうので気をつけてください。

また、太っている人、脚の太い人はピンヒールよりも、ある程度太いヒールのほうが無難です。重みでヒールが地面にめりこんでしまう、なんて思われたら切ないですから。

自分に似合うものを知っておけば買い物での失敗もなくなります。

《エレガントに見せるポインテッドトゥ》

脚を長く見せるには、爪先が尖ったポインテッドトゥタイプの靴がおすすめです。シャープなシルエットが実際以上に脚を長く見せてくれる効果があるのです。

《シンデレラの靴はパーティ用》

どんなに脚がきれいに見えても、痛くて歩けなければどうしようもありません。そんなシンデレラの靴はパーティ用に。私は外反母趾で、尖った靴を長時間履くと足が痛くなり歩けなくなることがよくあります。

ただ、足に合わない靴でも、自分を美しく見せる靴をしまっておくのはもったいない！　そんな靴はパーティ用にとっておき、数時間だけ履いています。車移動がメインで、歩くのは駐車場からレストランまでといった食事会やデートにも使えます。履ける時間は短くても、瞬間的に脚をきれいに見せることができるのです。

《通勤靴は足の健康第一で》

普段の通勤には歩きやすい靴を探しましょう。この場合は足の健康を第一に考え、多少、デザインは妥協してもよしとします。何足も試し履きして、足の形に合った靴を選んでください。デパートや専門店でシューフィッターに相談し、自分に合った靴を選んでもらったり、足に合わせて靴のサイズを微調整してもらうとムダがありません。

《サンダル＋靴下はＮＧ》

サンダルは素足で履くものです。サンダルにソックスを合わせる組み合わせを見た外国人の友人たちは「あれはセクシーじゃない」と顔をしかめたり「コスプレか？」と真剣に聞いてきたりします。まだ10代の子なら流行を追うのもいいですが、大人の女性が履いていると野暮ったく見えますので注意してください。

サンダルだけでは冷えるから、という理由ならきちんとつま先のある靴を履けばいいのです。最近は冬向けのデザインのサンダルも出てきましたが、基本的にサンダルは涼しく過ごすための夏のアイテム。それを履いていながら靴下で冷えをカバーするのは**NG**です。

靴の減り方でわかる美人度

歩き方がスタイルを作る

ドラマ「SEX and The CITY」や映画「プラダを着た悪魔」を観て、マンハッタンの街を美しいピンヒールで颯爽と歩く主人公に憧れた方も多いかもしれません。でも実態は、ヒールを履いて颯爽と歩くのはとても無理。マンハッタンは、いい加減に舗装された歩道がいたるところにあります。ドラマの中でもキャリーがキャブ（タクシー）を捕まえられずに、溝にヒールが挟まってしまい怒っているシーンが出てきますが、私もピンヒールを履いて歩いて、何度ヒールをダメにしたことか。

街中いたるところで捕まえられるキャブですが、狭い街ゆえ渋滞がひどいのです。地下鉄の乗り換えも日本のようにスムーズとは言い難いため、多くの人たちがとにかく歩きます。そのためスニーカーが登場するのです。ヒールは会社に置いておき、デートやパーティの誘いがあった時だけ履き、オフィスや通勤ではスニーカーを登場させるのがニューヨーカー流。東京では、最近やっとスニーカー通勤も増えましたが、やはりほとんどの女性がヒールを履いています。

ヒール姿で意外に目立つのが、かかとがすり減った靴を履いている女性。せっかくのおしゃれも台無しです。ヒールは必ずマメにチェックをしましょう。

すり減った靴を履いている方は必ずといってよいほど、姿勢が悪いです。ニューヨークにいたころ、「日本人はひと目でわかるよ、猫背だから」とアメリカ人の友人にいわれたものです。見ればその通り。特に堂々と歩くニューヨーカーの中ではその貧相な歩き方が目立ちます。私は気をつけようと思ったものです。

靴の減り方であなたの歩き方のクセやそれによる体形の崩れ方もわかるのをご存じですか？

《内側がすり減るのはデカ尻タイプ》

X脚や内股。この歩き方のせいで、骨盤が開きやすくなり、お尻が大きくなってしまいがちです。また、無意識に膝を曲げて猫背で歩いているため脚の血行が悪くなり、脚全体がむくみやすくなります。若い子の間で可愛く見えるという理由で内股に歩くのが流行っているようですが、体には良くないのでやめましょう。膝を伸ばして、内股にならないよう意識してウォーキングをしましょう。

《外側がすり減るのは太もも張り出しタイプ》

O脚やがに股。太ももの内側の筋肉をほとんど使わず、外側の筋肉ばかりを使っているため、お尻がたるんだり、太ももの外側に筋肉がつきすぎて張り出し、がっちりした脚になりがちです。膝や腰にも負担がかかっているので、年を取ってくると腰痛の原因にもなります。膝とくるぶしをこすりあわせるようなイメージでのウォーキングを心がけましょう。

《つま先が減るのはお腹ぽっこりタイプ》

外反母趾。常に高いヒールを履いていたりすると、つま先に重心がかかり外反母趾になりやすいのです。姿勢も前かがみ気味になり、歩く時に腹筋が鍛えられないため、お腹がぽっこりしやすくなります。前かがみになっている重心を体の真ん中に持ってくるようにウォーキングしましょう。

《左右片方だけが減るのは骨盤歪みタイプ》

片方を引きずって歩いているか、左右の脚の長さが違うことが原因です。また骨盤が相当歪んでいることも考えられます。この状態を続けると下っ腹が出てきたり、骨盤のずれがさらに進行して肩こり、頭痛の要因ともなります。足を引きずらないように心掛け、脚に筋肉をつけましょう。

自分の歩き方のクセを直して、美しい姿勢で颯爽と歩くことで、美人オーラが出せるようになります。

ブランドバッグを最も効果的に持つ方法

デザイン重視のバッグはワンシーズンだけ

「アメリカではブランドのバッグを持っている人がいないんですよね？」――時々聞かれる質問ですが、答えは半分YESで半分NOです。富裕層といわれるニューヨーカーは皆、高級バッグを持っています。アッパーイーストにあるエルメスニューヨーク店でも、上級顧客用には珍しいバーキンなど取り揃え、飛ぶように売れています。

逆に中流以下の人たちはまずブランドバッグを購入しようとは思いません。ニューヨークではブランド品をローンを組まないと買えないのに所有したり、ヨレヨレの身なりで高級ホテルのラウンジでお茶を飲む、などのシチュエーションに対して、日本よりも手厳しいです。高級バッグを持つにふさわしい場所や服装が用意できないなら、買わない、持たない、行かないからです。アメリカでは、自分にとって分不相応であることにはまったく興味のない人が大半です。

日本の場合、服装や靴は安っぽいのに、バッグだけはルイ・ヴィトンやシャネルといったハイブランド品を持っている人がいますが、格好いいものではありません。

また、最近は服装はきちんとしているのに、バッグには気を使っていない人を多く見かけます。特にOLさんに多いようなのですが、服装もメイクもきちんとしているのにバッグだけがペラペラのビニール製だという人がよくいるのです。

イメージコンサルタントとしておすすめするバッグの優先順位はまず、サイズ感。あなたの背丈や骨格、肉付きに合わせた大きさのバッグを持つことが一番大切です。背が小さい人なら小さめのバッグを。ある程度背も横幅もある方なら、大きめのバッグを持つほうが素敵に見えます。

次に優先するのは素材感です。バッグは必ず、値段よりも質が良く高そうに見えるものを買いましょう。特に革製品の場合、値段に品質が比例します。安い合皮のバッグを3つ購入する代わりに、質の良いものをひとつ買うことで、あなたの見え方は断然良くなるでしょう。もちろん、安いバッグでもデザインがしゃれていて、持っていて可愛いものもたくさん出ています。その場合は古びて摩耗するまで使わないことです。安いバッグは荷物を多く詰め込んだり、使い込むとみすぼらしく見えてしまいます。ワンシーズンでお役目終了、くらいの気持ちで使うことをおすすめします。

クラッチバッグを使いこなせる女性は魅力的

そしてブランドバッグを持つか否かですが、あまりゴテゴテとブランド名が入っていて「いかにも」というバッグは、かえって野暮ったく見えてしまいます。ハイブランドのバッグを持つなら、それに合わせた服装やオーラを身につければ、素敵に見えます。もともとオーラのある人は、安い洋服を着ていても、おしゃれなバッグを持つだけで全体が高そうなファッションに見えるから本当に不思議です。

ブランドバッグを素敵に持ちたいなら、まずは洋服の質をあげることから始めてみてください。B級グルメだけでなく、高級食材を扱うレストランで食べたことがある人のほうが、より味覚に敏感で味を楽しむことを知っているのとまったく一緒です。特に30代以降は、質の良いものを着る、持つことで、プチプラのアイテムも高く見せる着こなしができるようになります。

また最近流行りのクラッチバッグなど、持っているだけでおしゃれに見えるアイテムもおすすめです。パーティ会場などでは大きなバッグを持ち歩くのはNG。小ぶりのパーティバッグに口紅とスマホと名刺を入れて、大きな荷物はクロークに預けてしまいましょう。バッグも靴も服装もジュエリーもトータルでファッションを楽しみましょう。

ところでバッグの大きさや種類によって、その人の性格が出るという話をご存じでしょうか？

《様々なブランドのバッグを持っている》

人の意見に左右される傾向はあるものの、人の意見を聞く協調性があり、比較的淡泊な人が多い。

《ひとつのブランドにこだわって持つ》

他人の意見より自分のポリシーをまっとうするタイプ。フレキシブルさに欠ける場合があります。

《絶対ブランドバッグを持たない》

どちらかというとセンスに欠ける人が多い。

《常に荷物を詰め込んだ大きめのバッグを持つ》

整理整頓ができないタイプ。警戒心が強く自信がないタイプが多い。

オフィスに常備すべき美人のアイテム

ニューヨーカーは1日1回変身する

アメリカに住む日本好きの若者たちに「日本といえば？」と質問をすると、「アニメ」「コスプレ」という答えが必ず返ってくるでしょう。日本のハロウィーンは年々過熱化していて、ほとんど大人たちのコスプレ大会と化しています。アメリカで可愛く着飾った子どもたちにキャンディをあげていた私としては、本来の意味が薄れてどうしてこんなことになってしまったのだろう、とかなり違和感を覚えます。普段抑圧されている分、誰かになりたい変身願望がどの国よりも強いのかもしれません。

それなのに、普段の東京のオフィス街は黒、グレー、白の無彩色ばかり。オフィスでは、華やかな色やデザインがNGなのは仕方ないとしても、日本に帰ってきて一番驚いたことは、女性たちが、会社勤めの格好のまま、おしゃれなレストランやバーにいるということでした。

ニューヨークではキャリアを持った女性たちは、職場ではダークスーツに身を包んでいますが、アフター5には華やかなジュエリーやストール、ヒール、口紅の色も変えて、おしゃれなレストランで食事を楽しんでいるのです。パリでも同じです。

こんなに変身願望の強い日本人なのに、職場でもアフター5でも同じような格好をしているのは何とも味気なくもったいないものです。

会社帰りのデートや趣味の集まり、パーティの予定がある日に、職場のままのジャケットスタイルで出かけたら地味過ぎます。「会社帰りだから」といえば済むことですが、いつも地味な服装で現れたら、いつの間にかあなたには「地味で冴えない会社員」というイメージがついてしまいます。

せっかくの華やかな席で自分の魅力をアピールできないのは損というものです。かといって家に着替えに帰る時間はないし、面倒……。でも、デートに照準を合わせたスタイルで会社に行ったら、急に改まった会議の予定などが入ることもあり、これも厄介です。

昼と夜の顔を使い分けられたら、きっと日頃のストレスも吹き飛ぶはずです。そういう時のために、ジャケットの下にきれい目のワンピース、少しセクシーなシャツなどを着ておくことをおすすめします。就業時間が終わったらジャケットを脱ぎ、トイレでアクセサリーとメイクを変え、そのまま会社を出ればＯＫ。通勤用の大きなバッグは会場のクロークに預けておきましょう。

会社に個人用のロッカーがなく、常に会社にアフター5用の靴を置いておくのが無理なら、せめて前もって予定がわかっている日は、できるだけおしゃれなバッグと靴を用意してください。仕事中はデスクの下に置いておき、終業後に履き替えるとスマートです。靴は特に存在感があるものですから、動きやすい仕事用のパンプスから、脚が美しく見えるハイヒールに履き替えるだけでイメージががらりと華やかになります。

会社に個人用のロッカーがある人や、車通勤の人はお出かけ用の靴やバッグを置いておき、状況に合わせて替えるようにすると急なお誘いにもスマートに対応できます。

おしゃれを手放すことは女を手放すこと

ノースリーブのワンピースでレストランへ

毎日職場と家の往復ばかりの生活をしていると、ファッションも実用一辺倒になってしまいがちです。

年齢に関係なく、引き締まった体のお客様には冬でも会食用のノースリーブのワンピースをおすすめします。すると、お客様のほとんどが「この上に何を羽織ればいいでしょうか」と質問されます。デザイナーはその服を一着で美しく見せるためにデザインしています。「おしゃれに会食するならこの上には何も着ないほうがいいですよ」と答えると「でも、寒いから……」と。

もちろんノースリーブで冬の街は歩けません。外ではコート、カシミア入りのカーディガンなどの下にワンピースを着て、レストランに着いたらコートとカーディガンを脱げば良いのです。コートはクロークに預けるか、クロークのないお店なら、入ってすぐ脱いで手元に置いておきます。カーディガンを脱ぐのは面倒ですし、少々、肌寒いかもしれませんが、そこは我慢を。

もちろん体調が悪いなら別ですが、素敵でいたいことよりもラクなほうがいいと思い始めたら、危険信号です。それが進行すると、女性であることを意識しない行動や見た目に変わってしまうからです。外見だけでなくしゃべり方やしぐさも、周りの方の目が気にならなくなり、品のない行動をとってしまいがちです。そうなると他の人たちから丁重に扱われることは期待できません。

人から丁重に扱われる人、尊敬される人であることは、あなたの背筋を伸ばし、生活に潤いを与えてくれます。

先日セミナーを受講してくださったお客様よりいただいたメッセージです。

「セミナーから戻り私の意識はやっぱり変わっていました。なるほど、と実感しています。すっかりファッションやスタイル、お化粧、髪型のことなど忘れていた自分に気づくことができ、それこそ女を捨てていたな、と感じました。家事と仕事ばかりに追われ、しかも田舎。誰の目も気にならず、何を着ていても私のことなど知らない人ばかりですものね。自分の見せ方や見られ方も、女性としてとても大事なのだと改めて感じます。白黒の世界から色がついた世界に戻った感じがします。本当にありがとうございました」

自分の周りが色づき始めれば、様々なことに挑戦したくなるはずです。そのためにもたくさんおしゃれをしてください。とはいっても、日常生活の中ではなかなかおしゃれをする機会がない人も多いはず。素敵な服を買っても会社に着ていくのはもったいないと思う人もいるでしょうし、職種によっては華やかな服装を禁止されていることもあるでしょう。

同じ服をいつも着ていると思われたくないから、「コストパフォーマンスを考えて黒、白、グレーのベーシックカラーしか買いません」。これは最近よくお客様から聞くフレーズです。

そんな方は、海外ファッション誌でも、日本のファッション誌でもかまいません。雑誌を手に取って、眺めてみることから始めてみてください。きっと世の中にはこんな素敵な色の洋服たちとそれを着こなしている美しい女性がいることに気づき、自分のワードローブに対しての気持ちが変わるはずです。

次におしゃれをする理由を作ることをおすすめします。食事会、お気に入りの歌手のコンサート、勉強や趣味のサークルに入る、同窓会、自分でおしゃれできるパーティを主催してしまうなど、素敵な服をまとう理由を見つけるのです。

そして究極は、自分のためにおしゃれができる人になること。おしゃれして、ひとりでもレストランやバーへ行ってみましょう。先日、50代のお客様が、カシュクールのトップスに革のタイトスカートをはいて銀座の街を歩いていたら、2人の男性から声をかけられたそうです。彼女はイメージコンサルティングを受けてから、意識革命と服装革命を起こしていて、本当に素敵に変わられました。

おしゃれする理由が見つけられない方、一度イメージコンサルティングを受けてみてください。モノクロの世界から、カラフルな世界へ変われるきっかけになるはずです。

ほんの少しのあざとさが魅力を200%にしてくれる

鎖骨がお気に入りならデコルテ見せ

私がニューヨークという街で暮らしたことで、一番大きく変わったこと、それは思考とファッションです。そもそも似合う服の定義とはなんでしょうか。似合う服とは「雑誌できれいなモデルさんが着ている服」でも「会社の同僚が着ていていいなぁと思った服」でもないのです。それを着ることで、あなたにとって様々なプラスの効果がもたらされるものでなくてはいけません。

《似合う服とは》

＊あなたの内面と外見、そして服装の調和が取れている

＊スタイルが良く見える
＊女性らしさや魅力を倍増させる
＊センスが良い人だと思われる
＊周囲からの好感度が上がる
＊自分に自信がつく
＊出会う人や、付き合う人たちが変わる

「ではどんな風に服を選べば良いのか」――自分に似合う服を見つけるには、まずは自分自身のことを客観的に見て知る必要があります。皆さんそれぞれに、どうしても好きな〝デザイン〟や〝好み〟があると思いますが、それらはまず横に置いて、まっさらな気持ちで自分を見つめ直してみてください。

自分を知るために必要なことは、自分の体のパーツの中で長所と思う部分と、コンプレックスと思う部分を書き出すことです。「私には長所なんてないし」なんていわずに、これまで人に褒められたパーツや自分が好きなパーツを、全身鏡にしっかり映して書き出してみてください。人との比較ではなくて、あなた自身と向きあってみましょう。どちらも書き出せたら、長所は強調し、コンプレックスはうまく隠せるデザインの洋服選びをしてください。

例えば、ぽっちゃり体型だけれど、鎖骨がお気に入りの場合、それを強調するデコルテをしっかり見せる首元の開いた洋服を着れば、視線が鎖骨に集まり、やせて見える効果があります。首が短いのなら、シャツ襟やクルーネックのように襟元の詰まったものは避けて、大きく開いた襟ぐりにしてみてください。デコルテを見せることで、あなたの首の長さがバランスよく見えるはずです。

お尻の形がプリンとして可愛いのなら、恥ずかしがらずに、ストレッチ素材のパンツやタイトなスカートでお尻を強調してみてください。周りの異性からは「セクシーでスタイルが良かったんだな」と思われるはずです。

ウエストは寸胴だけど、脚は細くてきれいな場合、ウエストをマークすることにこだわらず、スカートなどから脚を出すことで、ウエストも細く見えるから不思議です。太ももは太いけど膝下は真っすぐで自信があるなら、ロングスカートやパンツで隠してしまうのはもったいない。スカートとヒールでどんどんアピールしましょう。

ポイントは、〝長所を人に見せるようにする、強調する〟ことです。

コンプレックスはできるだけ隠したいものですが、どうしても隠し切れないものもあります。そういった場合は中途半端に隠すよりも思いきって全面に押し出したほうが意外な魅力につながることもあります。

例えば、バストが大き過ぎると悩んでいる人が首のつまったトップスなどでしっかり隠していると、太って見えることがあります。思いきって胸元の開いた服でデコルテを見せることで、すっきりとスリムに見えますし、かえっていやらしくありません。

背が高い人が12㎝ヒールを颯爽と履きこなしたら、ゴージャスで素敵です。背の低い人がそれを隠そうと高いヒールを履くと、逆に背の低さが目立ちます。小柄な人は低めのヒールで個性を際立たせた方が魅力的になります。

強調すること、隠すべきことをしっかり頭に入れておくことで、洋服選びがもっと簡単に、そして楽しくなります。

骨格に似合う服を着るだけでマイナス3kg

骨格タイプを知ることでワンランク上に

服装を選ぶ際の手掛かりになるのが、あなたの体のフレームである骨格です。私たちは生まれながらに、各々の骨格を持っています。ショーウインドーでマネキンが着ていた服にひとめぼれして、買ったものの、実際に家で着てみるとなんだか自分にはしっくりこない経験はありませんか?

素敵な服＝誰にでも似合うわけではありません。持って生まれた骨格や関節の太さ、筋肉のつき方や脂肪のつき方によって、似合う服、似合わない服が違うのです。自分の骨格を知っておくと、買い物での迷いがなくなって時間を短縮できますし、失敗がないためにお金の節約にもなります。

また、それを着るだけでスッキリスリムに見え、見た目マイナス3kgなんて余裕です。骨格には3つのパターンがあります。

《ストレートタイプ》

重心が体の上のほうにあり、グラマラスなメリハリボディタイプ。上半身に厚みがあり、運動すると筋肉がつきやすい方が多いです。有名人・芸能人では、藤原紀香さん、米倉涼子さん、小泉今日子さん、小池栄子さんなど。似合うアイテムは、シンプルなもの、ベーシックなもの。可愛いデザインより格好良いデザインの服。ウールやカシミア、シルクなど高級感のある素材のもの。

《ウェーブタイプ》

体の厚みを感じさせない華奢なタイプ。運動しても筋肉はつきにくく、どちらかというと下半身にお肉がつきやすい、重心が下にある体型です。有名人・芸能人では、松田聖子さん、杉本彩さん、神田うのさんなど。似合うアイテムは、素材が柔らかいもの、透け感があるもの、ソフトなデザインのもの。体にフィットするものも似合います。シンプル過ぎる服だと、より華奢で寂しく見えてしまいがちです。

《ナチュラルタイプ》

骨格や関節が大きく、胸、お尻が比較的平らな方が多いです。有名人・芸能人では、萬田久子さん、天海祐希さん、今井美樹さん、浅野温子さんなど。似合うアイテムは、天然素材の服、ドルマンスリーブやワイドパンツなど。体にフィットしないざっくりとしたラフなスタイルを格好よく着こなせるタイプ。逆にフィットした服は貧相に見えるので注意です。

骨格診断はあくまで目安で、体についたお肉の影響で一概にこうだといえない方や、ミックスされた骨格の方などもいらっしゃいます。よくお友だちや同僚から褒められる服の種類を覚えておくことも重要な手掛かりとなります。私のイメージコンサルティングは、骨格だけではなくその人のパーツで分析しています。

また、好きな服と似合う服は必ずしも一致しないことを忘れないでください。好きな服よりも似合う服を着ることのほうが、あなたのランクを上げ、垢抜けたイメージを作るために必要なことです。

大人の女性のこなれ感って何？

いかにしてカジュアルを品良く取り入れるか

私がアメリカに渡ったころ、日本のファッショントレンドはエレガント街道まっしぐら。日本に一時帰国するたび、友人たちは皆、巻き髪に変わっていました。

ただ、流行は時代とともに変わっていきます。雑誌に登場するモデルさんたちもハーフの方が主流になり、可愛いタイプの女性からスタイリッシュで格好良い女性がより受けるようになりました。今ではしっかり巻き髪にエレガントなワンピースのような完璧過ぎるファッションは、ちょっと古いイメージに。

ファッションがカジュアル化している今、〝はずし〟や〝こなれ感〟があるほうが、おしゃれでセンスが良く見えます。

〝はずし〟とは、簡単にいうと鉄板といわれる格好に思いがけないアイテムをひとつ追加すること。誰もが簡単にできる〝はずし〟のテクニックをお教えします。

＊黒やグレーが基調のコーデには、バッグや靴に鮮やかな差し色を持ってくる
＊ワンピースにスニーカーを合わせる
＊エレガントなワンピースに、デニムやレザーのジャケットを合わせる
＊デニムパンツにきれい色のピンヒールを合わせる
＊ジャケットのインナーにTシャツを合わせる
＊帽子を取り入れる
＊クラッチバッグを持つ
＊ピアスやイヤリングは左右違うものをつける

〝はずし〟テクニックの中で、ヒールにソックスを合わせるなども若い世代で流行っていますが、大人の女性がすると、年齢とのギャップが生まれる場合がありますので、やり過ぎは要注意です。また昔流行ったツインのアンサンブルやイヤリング・ネック

レス・指輪の3点セットは、今やはずしの真逆。野暮ったく見えるので注意してください。

流行はプチプラなどを利用して上手に購入しましょう。

ニューヨークに森ガールはいない

シュシュ、レギンスがNGなワケ

髪をまとめるシュシュは便利ですし、私も持っています。ただ、人前で使うことはありません。というのも、ニューヨークではシュシュ＝田舎者というイメージがあるのです。ドラマ「SEX and The CITY」でも主人公キャリーが、退屈なパーティでシュシュをしている女性をみて、「彼女、絶対、ニューヨーカーじゃないわ！　だってシュシュしてるのよ！」と彼氏にいうシーンがありました。

少し前に流行ったものでもセクシーでないという理由で、ニューヨーカーに受け入れられないアイテムは多々あります。

日本で流行っていてニューヨークで流行らないものが、レギンス（トレンカ）です。足を出したいのか、隠したいのか、寒いのか暑いのか、すべてが中途半端でコンセプトがよくわからないというのが、ニューヨークのお友だちの意見です。日本人と欧米人の体温と冷えの違いも大きく関係すると思うのですが、だいたい外国では日本のようにどこでもストッキングを履くという習慣があまりないのです。脚が多少太くてもウエストが太くても、体にフィットしたミニ丈のボディコンシャスなワンピースを着て、セクシーさをアピールするのがアメリカ流なのです。

日本に帰ってきた時、真夏の暑い日に、ミニスカートの下にレギンスや黒いタイツを重ね履きしている女性を見て、「暑くないの？」と驚いたものです。

夏のさらっとした服の素材や色に黒いタイツは、それだけで野暮ったく見えてしまいます。最近はぐんと慣れてきて「きっとオフィスが寒いし、男性上司の前で脚を出したくないのね」とポジティブに解釈するようにしていますが、そもそも、レギンスはセクシーではないアイテムのひとつで、海外では販売していません。ミニスカートを穿きたいのなら、堂々と脚を出したほうが絶対素敵です。

また他人から見られることで体と心に緊張感を与えることが美への第一歩です。緊張感がなくなると、途端に体が緩み、スタイルが崩れてどんどん老け込んでゆきます。締めつけが少ないほうがラクだからと、体のラインが出ない服やウエストにゴムが入ったボトム、かかとの低いぺたんこシューズばかりを履いていると、あっという間にウエストのくびれはなくなり、脚が太くなってしまいます。

日本に戻って残念だなと思ったことのひとつに、若い女の子の中に森ガールといって、体を覆い隠すダボッとした服を着ている人が多かったことがあります。ナチュラル志向といえば聞こえはいいですが、ニューヨークではまず見かけないファッションで、洗練された感じがしません。

大人の女性にしても同じです。ダボッとしたチュニックや体を隠す重ね着スタイルでは、ますます体を緩ませてしまいます。痩せたい、きれいになりたいと思っているのなら、あえて自分の体を直視し、人目に触れさせて緊張感を得ることも大切です。

美魔女ではなく、美しい女性になる

「娘と姉妹に見える」女性は美しい？

年齢を重ねれば、肌に弾力や潤いがなくなってきたり、シワや白髪が増えたり、体の線がたるんできたりという見た目年齢が上がり、老化が進行します。

日本アンチエイジング・ダイエット協会は、食べ物や生活習慣で老化を遅らせ、洋服のデザインを賢く選ぶことでスタイルを良く見せる方法を学ぶ協会です。

実年齢にかかわらず、見た目年齢の進行をできるだけ遅らせることは、可能なのです。実際、40代でも、たるみレベル1（非常に若い）の方もいれば、20代でレベル3（かなり老化している）の方もいるのが実情です。

私が帰国したころの日本は「美魔女ブーム」でした。その中でもっとも違和感を覚

えたのが、女性ファッション誌で、「娘と姉妹に見えます」ということを最高の賛辞として載せたページでした。日本は〝若い〟〝幼い〟ということがとてつもなく価値があるものと見なされるカルチャーですが、欧米では親子が姉妹に見えるという特集は、まず組まれないでしょう。若さは美しいけれど、美しいことが若さでは決してないのです。

〝アンチエイジング〟という言葉が独り歩きしていて、解釈に大きく差があるようですが、美しい年齢の重ね方、真のアンチエイジングとは、見た目の若さだけに固執しないこと。20代のような格好（髪型、メイク、カラーコンタクト、服装）をした大人の女性は、残念なことに品位がなく見えます。

逆に今までと同じデザインの洋服を着ていて、年齢より若作りに見えないかと不安になって、私のところのコンサルティングを受ける女性も多いのです。

最近はファッションブランド自体がエイジレスをモットーにしていることが多いですから、年齢でブランドを選ぶことはなかなか難しいものです。また、マダム向けのブランドはサイズが大きめに作られていることが多いので、スリムな人には合わないこともあります。ですから、年齢相応の服を選ぶといっても40代になったらデパートのミセスコーナーで買い物をするということではありません。そういったブランドを選ぶと年齢以上に老けて見られることもあります。ブランドにかかわらず、アイテムを選ぶ時に少し注意すればいいのです。

例えば、ウエストが細い方なら、ウエストをマークした洋服のほうが断然スタイルが良く見えます。ですが、ハイウエストのワンピースや、脚がきれいだからといって、フレアのミニスカートなど、少女チックな格好をすれば、かなりの人は違和感を覚えるでしょう。また大人の女性が、キャラクターグッズをやたら持っているのも知性を感じにくいものです。

女性の体の部位で、年齢が一番現れるのは、二の腕やヒップ、膝のたるみやウエストのゆるみ、手や首のシワです。ですから、首元に大きめのネックレスやスカーフを巻き、手や脚にはBBクリームを塗ってアラを隠すことも必要になります。膝がたるんでしまったら、ミニスカートは卒業し、膝を隠すほうが美しく見えます。年齢を感じさせる部分を鍛えて美を追求している方は、もちろん見せてもかまいません。そういった方こそ、若作りではない年齢不詳だと思います。

皆を納得させる美しい大人の女性とは、知性も品位もあって、物事のとらえ方や考え方に奥行のある人。心も体もたるまないよう鍛えている人。そして、自分のスタイルを持っている女性です。

だから、ミニスカートをずっと穿きたい、キャラクターグッズを身につけたい、と思ったら、周りを気にしてオドオドすることなく、堂々と個性として突き詰めて欲しいと思います。若作りと年齢不詳の境界線は、誰かの真似をしているのか、自分のスタイルを貫き通せるのかだと思います。

そして大人の女性にこそ、全身鏡は必須です。お風呂上がりには裸か下着姿で鏡の前に立ち、たるみはないか、姿勢はまっすぐか、シルエットが太くなっていないかということを確認しましょう。洋服を着た時には違和感がないか、見た目とファッションのバランスは取れているかなど、全身をくまなくチェックしてください。

気づいた時点で欠点をカバーしていけば、いつまでも本当の意味で若々しい女性でいられます。

New York Style

CHAPTER 2

使ったお金が何倍にもなる

Money

合理的なケチほどチップを惜しまない

成功者はいいサービスと楽しい食事を大切にする

ニューヨークで成功している人は、おしなべて〝ジェントル〟です。弱い立場の人にも丁寧に接し、横柄なところがありません。なぜなら、ジェントルな態度で誰にでも接することができる人が、品格のある成功者と認められるのです。品格の定義は世界中どの国でも同じです。

アメリカのセレブをＴＶや雑誌で見ていると、豪華なものに囲まれて、派手な暮らしをしていて散財しているイメージが強いと思います。ですが、ニューヨークの成功者が皆そうかというとちょっと違うのです。フェイスブックの創業者で、フォーブス長者番付（２０１７年3月2日付）では5位に選ばれているマーク・ザッカーバーグは、自分の結婚式を自宅の庭で行いました。料理はケータリングのメキシカンと和食だったそうです。

総資産860億ドル（9兆7180億円）といわれているビル・ゲイツは、飛行機はエコノミークラスしか乗らない質素な生活ぶりが有名です。このクラスの人たちになると、お金に対する執着ではなく、仕事をゲームのように考え、クリアすることに重きを置いているのでしょう。お金そのものを使うことに重きを置いていないことがよくわかります。

ニューヨークでは高級レストランで気前よくチップを払う人も、意外にドラッグストアのポイントをせっせと集めていたりします。

アメリカはチップ社会。チップをたくさん払うことによって、より良いサービスが受けられるという合理的なシステムで社会が動いています。マンハッタンの高級レストランになると、チップの相場は会計の20％。高級レストランのウェイターがサービスに値するチップと考えているのは25％で、30％のチップを支払う常連客も増えてきているようです。

マンハッタンの某高級フレンチ・レストランでは、ウェイターが受け取るチップ収入は月に5000ドル（56万5000円）。チップ収入はタックス・フリーですから、これは年収で9万ドル（1000万円）を受け取っているのとほぼ同じことになります。

「そんなにチップを払うお金持ちなのにケチな人がいるの？」――そう思われるかもしれませんが、彼らはある意味、非常に合理的なケチなのです。彼らはいいサービスを受けて楽しく食事をする時間を投資として考える傾向が非常に強いのです。楽しみのための出費は惜しみませんが、無駄なお金は使いません。欲しくもないブランドバッグを「皆が持っているから」「うらやましがられたいから」という理由で買うことはありません。

B級グルメは美味しい、でも……

ハイクラスの人がお金をかける頻度が高いのは「時間」でしょうか。高級ブティックで仕立てたシャツを着て、脱いだらlaundry ladyにアイロンまでかけてもらい、ハウスキーパー（家政婦）が週に何度か掃除をしにきて……という感じです。家事をする時間をお金で買い、その時間を趣味や休息、仕事に当てるのです。ですが、私の知人である世界トップの外資系金融企業の重役は、会社が家賃を支払う最高級アパートに住みながら、まったくお金を使いません。ワイシャツはノーブランドのメーカー品で、自分で洗濯してアイロンがけ。彼を見ていると、どうお金を使うかはその人の価値観や哲学によるものだと思うのです。

そしてそのお金の使い方で大きくその人自身を表してしまうのが、食です。私の知る限り、成功者はみな、食に関して楽しむことを知っている人ばかりでした。食はエネルギーの源ですし、食への好奇心は知的好奇心につながります。どちらも仕事に直結することですから、納得できます。

私のお客様で、初デートした時に、お相手の男性が小さなおつまみ3品しか頼んでくれず、次のデートはお断りしたという女性がいました。食にかけるお金の使い方で、彼の女性に対する配慮と人柄が見えてしまったのでしょう。男性に相手への配慮、心遣いがあれば違った未来があったように思うのです。お金は浮いたかもしれませんが、デートは失敗してしまったのですから、合理的とはいえません。

もっとも、デートのたびに夜景の見える素敵な雰囲気のレストランや、高級食材を出す有名店にいつも行くべきとはいいません。B級グルメも楽しいし、栄養のバランスを考えて、自宅で美味しい食事を作るというのも大切です。ただ、B級グルメしか食べたことがない人と、高級料理店を幾つも知ったうえでB級グルメを美味しく感じる人では、グルメ話の説得力に大きな違いが出ます。

私の場合、個人的に男性でも女性でも、どちらも語れる人に心惹かれてしまうのですが、あなたはどうでしょうか。

Column 4

70歳 肉食女子がピチピチしている

目の下のクマ、肌のくすみ、むくみの意外な原因

きれいになりたいと野菜ばかり食べている方は鉄不足の危険があります。きれいとは真逆の方向に向かっていることもあるかもしれません。日本人女性の４人に1人が貧血、鉄不足であるといわれています（2015年国民健康栄養調査より）。貧血の症状は肌荒れ、睡眠障害、うつ、慢性的な疲労感、長引く風邪など。 全身に酸素を運ぶ役割を持つヘモグロビンは、鉄とたんぱく質から作られています。

ですので、鉄が不足すれば、酸素をうまく運べずに集中力や思考力が低下します。脚に酸素が運ばれなければむくみますし、皮膚に酸素が運ばれなければ、顔色が悪くなり、肌がくすみます。目の下のクマがひどい、顔色が悪い、肌がくすんでいる、頭がぼんやりする、脚がむくみやすいなどの症状のある人は、一度鉄不足を疑ってみてください。

鉄には体に吸収されにくい非ヘム鉄と体に吸収されやすいヘム鉄の二種類があります。動物性たんぱく質である赤身の牛肉や豚、鳥のレバー、マグロやカツオを食べることで、ヘム鉄が多く摂れます。また赤身肉には鉄分やアミノ酸など女性に不足しがちな栄養素が含まれ、脂肪を燃焼させ痩せやすくするL－カルニチンも一番多く入っているため、ダイエットにも効果的。冷えや肌荒れの改善にも役立ちます。肉食女子が顔色も良く、生き生きしているのも納得する理由があるのです。私の周りにいる元気な70代以上の方々は、しっかり自分の歯でステーキを召し上がっています。

成功して富を得るのは当然の権利

お金に対する罪悪感を捨てる

日本とニューヨークで、大きな価値観の違いのひとつは、お金に関することです。

日本人は豊かさや経済的成功に憧れを持ちながらも、どこかお金を得ることに罪悪感を持ったり、ゆったりと暮らすことへの抵抗感を持つ人がとても多いと思うのです。特に真面目な人ほど「お金に対して不満を持ってはいけない」と思っているようです。

日本ではお金の話をしたり、お金が欲しいと考えるのは良くないことだと思われていませんか。ですが、ニューヨークではお金を稼ぐこと、お金を欲しがることはまったく悪いことだとは思われていません。そもそも、ニューヨークに来ている人たちはみな、成功の先の富を求めて挑戦しにやって来ているのですから。

アメリカ人のお金に対する考えを表す時に最適な、ロナルド・レーガン元大統領のこんな言葉があります。

"Money can't buy happiness, but it will certainly get you a better class of memories."

「お金で幸せは買えない。だが確実に良い思い出は増えるでしょう」

アメリカンドリームとは、勤勉と努力によってお金を稼ぎ、たくさんの選択肢を持つことです。幸せはお金では買えないけれど、お金によって様々な選択肢が得られる、好きなものを手に入れられるということです。これは万国共通のことでしょう。ただ日本と違うのは、お金を得ること、それによって様々な夢を叶え、選択肢を得たいと人に話すことに、罪悪感や嫌悪感がないということです。

収入を増やしたいなら、考え方を変えてみる

世界ではセレブでさえもセカンドビジネス

お金さえあればやりたいことができて人生は変わるのに、とモヤモヤしている人は多いのではないでしょうか。そんな時は〝ニューヨーク式思考のダイエット〟で考えれば、すぐに解決する方法が見つかります。

今の仕事だけで収入が足りないなら、副業を始めればいいのです。アメリカでは、セレブでもセカンドビジネスを行うなど副業を持つ人が多く、企業のCEOクラスの人たちでもセカンドビジネスを行っているケースが多いものです。

例えば、女優のジェシカ・アルバは、原材料から有害物質を一切排除した、安心して使用できるベビー用品・日用品のエコブランド「オネスト・カンパニー」を2012年に設立し大好評。企業価値は10億ドル（1130億円）といわれ、フォーブス誌によるとジェシカの総資産は2億ドル（226億円）と推定されています。

女優のサラ・ジェシカ・パーカーも、2014年にファッション業界に進出。フレグランスやシューズなどをプロデュース販売し始めました。

セレブやCEOのセカンドビジネスなんて、自分には到底縁のない雲の上の話だし、仕事の合間のアルバイトや内職では全然稼げるわけがない――そういってぼんやり座っているだけでは、人生も変えようがありません。

わずかな金額でも、それを元手にスクールに通って資格を身につけ、より良い収入が得られる職場に転職する、やりたい業種で起業する、投資の勉強をして金融商品を買い始めるなど、これまでの倍以上の収入を得ることも不可能ではないのです。あなたがお金を手にしたいと思ったら、まず、動かないといけません。

心が変われば行動が変わる。
行動が変われば習慣が変わる。

習慣が変われば人格が変わる。人格が変われば運命が変わる。

アメリカを代表する哲学者、心理学者のウィリアム・ジェームズの言葉です。

「私は一生、ぜいたくはしない。たまのぜいたくは回転寿司で十分だ」というなら、今のままでもかまいません。ですが、高級なお寿司屋さんで、新鮮なネタのお寿司が食べたい。でもお金に余裕がないからあきらめているという人は、ほんの少しだけでも頑張れば、高級なカウンターのお寿司屋さんに行ける自分に気づいて欲しいのです。そこではお寿司以外にもお店の雰囲気を味わい、今までとは違った世界を見られるはず。

それが刺激になって、さらに上のランクに目が行くようになれば、自分そのものも上に引き上げられ、人生が変わってゆきます。今の生活がつまらないのなら、少し無理をしてでも違う世界を覗くことをしてみてください。その上で、やっぱり回転寿司が好きだというなら、回転寿司に戻ればいいだけです。

Column 5

美人がコーヒーに入れるもの

スタバならプラス50円で

日本のスターバックスではプラス50円を払わないと出てこないソイミルク（豆乳）ですが、アメリカではソイミルク、無脂肪、低脂肪の各種ミルクが常備され、好きなだけコーヒーに入れることができます。

豆乳にはビタミンB_1、ビタミンB_2、ビタミンB_6、ビタミンEなどビタミン類やミネラルが豊富に含まれています。更にホルモンバランスを整えてくれる大豆イソフラボンも含まれていて、女性が美しくなるためにうってつけの飲み物なのです。ニューヨークの美人は、必ずコーヒーにソイミルクを入れています。豆乳パワーが美容と健康に効果を発揮し、簡単にきれいになれます。

大豆といえば味噌ですが、ニューヨークでは具のないお味噌汁もMISOスープと呼ばれ、大人気です。味噌には、各種アミノ酸、ビタミンB群、ビタミンE、酵素、イソフラボン、コリン、レシチンなど、たくさんの栄養素が含まれており、健康志向のニューヨーカーの間では、サラダとお味噌汁をランチタイムに食べるのがブームになっています。

一汁三菜日本型食事をしていたころ、日本には肥満、メタボの割合が非常に少なかったのです。コンビニでもお湯を注ぐだけのお味噌汁が買えます。カリウム、カルシウム、マグネシウムが豊富なお味噌汁の良さを毎日味わってみてください。

お金をかける価値のある自分磨きとは？

成功者は自己啓発よりスポーツジムを選ぶ

日本女性は習い事が大好きです。私も例にもれず、いろいろと習っていましたが……。アメリカでは趣味の延長のような習い事は皆無であることに驚きました。キャリアにつながるような資格を取ることや大学院に通うことにしかお金を使わないのです。

アメリカから渡ってきて日本でも騒がれている自己啓発セミナーですが、私の周りの成功者で通っている人たちは残念ながらゼロ。逆にジムに通うのは「できるニューヨーカー」にとってマストでした。彼らにとっては自己啓発よりも健康であること、美しい体のラインを維持することのほうが、重要課題だということです。

日本には自分を磨くための方法はいくつもあります。一度にそのすべてをやろうと思っても、時間的金銭的に追いつかないことが多く、結局どれも中途半端に終わってしまうことになりかねません。効果的に自分磨きを達成するためには、目的に合わせて優先順位をつけることをおすすめします。

《投資リターン系》

給与アップやより良い転職を目的にした習い事、スクール。金銭的なリターンが期待でき、投資として行う自分磨きです。ビジネススクールや大学院に通う、海外留学にチャレンジする、国家資格を取る、英語を習うなどがあげられます。

《ストレス発散癒し系》

今を楽しく生きるためにストレスが発散できることをしたい人が優先すべきことです。音楽、スポーツ、料理や手芸など、趣味や自分が好きなことに時間とお金を使うことで目的が達成できます。

《手に職系》

将来的に独立してビジネスを始めたい人に。目指す職業の養成講座や講習会に行くことがあげられます。華道、茶道、着付けなどを講師になるまで極めることもここに入ります。

《美人度アップ系》

素敵な恋人が欲しい、結婚したいと思っている人は外見を磨くことを優先するのがゴールへの第一歩。似合うメイクと服をイメージコンサルタントに見立ててもらう、ヨガやジムで体型を変える、美容室で技術力の高いカリスマ美容師に髪を切ってもらう、エステサロンで肌を磨くといったことです。

《交友関係を広げる系》

異業種交流会やパーティ、習い事に素敵な出会いを求める人は多いですが、「行ってがっかりしました。全然、出会いがない」とおっしゃるお客様が多いものです。例えば英会話教室に行けば「できるビジネスマン」と出会えるかといえば、その可能性は低いのです。できるビジネスマンは初心者が通うようなクラスにはなかなかいませんから。習い事に出会いを求めるには、頭をひねる必要があります。意外とビジネス系のスクールよりも、高級スポーツジムやゴルフの練習場にひとりで練習に行くほうが出会いは多いかもしれません。

自分磨きのために習い事をするなら、まず、自分が何をしたいのか、どうなりたいのかという目的を明確にしてください。次に期間はどれくらいか、予算はいくらかを決めておきます。

何となくダラダラ続けてしまうのはお金をムダに使うだけで、結局、自分の身にならないことがほとんどです。そして、その時間とお金をかけることによって、何を得たいのかを具体的に考えてください。自分の行動に意味を持たせることで、何となく続けているものは迷いなくはずせるようになります。

欲張ってあれもこれもと手を広げるより、ひとつの目的が達成されたら、次のステップに移ったほうがいいのです。頑張っても目的が達成できなかったら別の習い事に変えることや、しばらくお休みをするのも手です。

エステ、ホテルスイーツは即効性の高い投資

頑張ったらごほうびが必要

投資というと、株式投資、ＦＸ、外貨預金、不動産投資と難しい金融商品を連想してしまいます。ですが、私がおすすめしたいのは、自分を甘やかすための投資です。

今、モヤモヤしている、自分を変えたいと思っている人ほど、現在の生活は厳しいのでは？　それでも辛い思いをしながら頑張っているはずです。

しかし、そこでさらに自分を追い詰めるようなことをすると、なかなか楽しい生活にたどり着くことはできません。まずは頑張っている自分にごほうびをあげてください。

ごほうびは自分が心地良いと思うことなら何でもかまいません。私の場合は時間が空いたら小旅行、普段はもっぱらSPAでマッサージです。

ダイエット中の人なら高級ホテルのラウンジでケーキでも結構ですし、海外旅行でも、思う存分買い物するでもいいでしょう。ボーナスが出たらとびきり高級なレストランで食事をするというのもおすすめです。その後、一流のホテルに泊まるのもいいでしょう。美味しい料理をゆっくり食べて、非日常の空気を味わい、自分に潤いを与えてあげてください。


高級レストランに行くための服がない人も安心してください。日本の良いところは高級ホテルやレストランでも欧米のような垣根がなく、様々な人が来ているところです。さすがにTシャツとジーンズというわけにはいきませんが、手持ちのワンピースやスーツがあればそれでOKです。日本では服装でウェイターに差別されることもないでしょうから、臆せずに行ってしまいましょう。

そういった高級なお店には必ず、洗練されたイメージのお客様がいます。せっかくですから、周囲を見渡して、自分が素敵だと思う人をウォッチしてください。あまりジロジロ見るのは失礼ですが、さりげなく眺めるくらいなら誰にも気づかれません。

素敵な人のファッション、メイク、テーブルマナーや身のこなしを観察することで、自分はこれからどうすれば彼女に近づけるのかという勉強にもなります。

自分を甘やかしながら、自分磨きも兼ねられるというわけです。次に行く時は服を新調して、以前見かけた素敵な女性に近づいてみましょう。

そうやって勉強していくと、徐々に臆することなく、レストランでスマートにふるまうことができるようになりますし、あなたの憧れの女性や理想のイメージに近づくことができます。

1時間5万円なら エステよりメンタルヘルス

カウンセリングで得られるメリット

ニューヨーカーは人に何をいわれても基本的に気にしません。ニューヨークは自由でありながら、ことビジネスに関しては生き馬の目を抜く厳しい世界です。足の引っ張り合いは日常茶飯事で、弱みを見せたらあっという間に引きずり降ろされてしまいます。

ですから、ちょっとした非難や陰口などをいちいち気にしていたら、ニューヨークでは生きていけないのです。ただ、まったく傷つきもしないのかといえばそうではありません。気にしない素振りをしながらも、心に傷を負うことはよくあります。そこで精神科医の出番です。

ニューヨークでは最強の弁護士、最善の精神科医を抱えないと成功できないといわれています。人前で弱みを見せられない分、ニューヨーカーは日本人よりもかなりフランクに精神科医のカウンセリングを利用しているのです。彼らにとって精神科医とは、人には見せられない悩みや弱みを聞いてもらう、現代版の教会の懺悔室のような位置づけでしょうか。

マンハッタンにある一般的な中級レベルの精神科医のカウンセリング料金は、1時間300ドル（3万4000円）ぐらいから。人気のあるドクターは500ドル（約6万円）も費用がかかります。高額にもかかわらず、エグゼクティブクラス以上の人はお抱えドクターに定期的にカウンセリングを受けていることも珍しくありません。

カウンセリングでは部下や妻、友人にも出せない自分の弱さや本音、悩みを聞いてもらうことで心を常に健康に保てます。それによって気分がスッキリして、新たな気持ちで仕事に向き合えるのです。カウンセリングは、仕事のパフォーマンスに対する投資なのです。

日本の場合、悩みやグチを友だちに聞いてもらう、という方法が一般的です。ですが、心の深い部分まで友だちに話せるかといえば、答えはNOでしょう。また、その友だちが適切なアドバイスをくれ、真剣に問題に向き合ってくれるとは限りません。

日本でも最近は心療内科が増え、メンタルの治療を受ける人が非常に多くなってきています。その場合、疲労感や倦怠感などが起きて体調が悪化し、あちこちのクリニックや病院を転々とし、病気の原因が見あたらず、最後に心療内科を訪れる人がほとんどかと思います。

そうなる前に手を打たないと、体調が悪くやる気もまったく起こらないという非常に苦しい毎日を過ごすこととなります。

メンタルドクターを受診するなら、ドクターとの相性は他の診療科のそれよりも大きなポイントになります。私もニューヨークでカウンセリングを受けたことがあります。とりたててメンタルを病んだわけではありませんが、友人のすすめで話を聞いてもらいに行ったのです。私の場合、相性のいいドクターに巡り合うまで、3回クリニックを変えました。どうしてもいいドクターが見つからない、心療内科や精神科に抵抗がある人は、医療機関ではなく、民間のカウンセラーやコーチをお願いするのもひとつの方法です。

また、40代以上の女性の場合、女性ホルモン（エストロゲン）の分泌量が減ることで心身のバランスを崩すことが多くなります。おかしいなと思ったらまず、婦人科でホルモンチェックを受けることをおすすめします。ホルモン由来の不調は生活習慣の改善や投薬治療でよくなります。

「安い」から買った9割はゴミになる

賢い女性はショッピングリストを作る

私の仕事のひとつに、お客様と一緒に買い物に行き何を買ったらいいのかというアドバイスをするショッピングアテンドがあります。この時に必ずお聞きするのは、予算と何が欲しいかということ。

例えば、プライベートで着る服が必要なのか、通勤用の服が欲しいのか、女性らしく見せたいのか、キャリアを強調したいのかということを聞き、あらかじめコンサルティングで決めたイメージ戦略で、お客様の服を選んでいきます。

せっかく買ったのに結局着なかった、というムダな買い物を避けるためには、目的と用途をハッキリと決めておくことが重要です。自分でショッピングする時は、出か

ける前にしっかり頭に入れておいてください。「仕事に着ていくワンピース2枚、シャツ2枚、ジャケット1枚。予算は10万円」といったように、あらかじめメモしておいてもいいでしょう。

目当てのものが見つからなければ、その日はあきらめることも必要です。必要なものをしっかり選んで買うことで、余計なものを買うリスクがなくなり、合理的な買い物ができます。

また、私はバーゲンには行きません。バーゲンに行くと「何かを買わなければいけない」という気分になってしまうからです。とりあえず安いから、と買ってしまったものの、結局は使うことがなくタンスにしまいっぱなしになってしまうことはよくあるでしょう。

安く買ったつもりでも、お金とスペースのムダ遣いになるのです。目先のセール価格にまどわされず、行ったお店でたまたま欲しいものが安くなっていたらラッキー、程度に考えてください。

ちなみにショッピングアテンドでご自分の好みでない服をすすめると「えっ？ そ

れは……」となる方がいますが、一度試着すると魔法のようにその方の魅力が増すから楽しくなります。最初の抵抗感が強かったお客様ほど、その後いろいろな方に褒められました、と嬉しいご報告をくださるのです。

カジュアル派、シック派のファッションから、女性らしいファッションにチェンジしたいというリクエストは多いのですが、「でも、絶対にスカートだけは穿きたくない」という方が多くいます。脚に自信がないというのが、その理由のほとんどです。ところが「試着だけでもしてみましょう」と、穿いていただくと、試着後に買われるケースがほぼ１００％。

なぜなら、「スタイルが良くないから無理」と抵抗していたスカートやワンピースも、体型をカモフラージュするデザインや長さを選べば、スタイルが良く見えるからです。信用できるショップの店員さんを味方に付けるのも◎。

住む場所で人生が変わる

場所は人脈と資産に直結している

ニューヨーカーにとって住む場所は最も重要なステイタスのひとつ。そして人生の満足感の中で重要な役割を果たすのが、家なのです。

例えばニューヨークで最も成功した女性のひとり、青木恵子さん。世界中にチェーンがある「ベニハナ オブ トウキョウ」の創始者である故ロッキー青木さんの奥様です。

彼女は、初めてニューヨークを訪れた時に、5番街にそびえたつコンドミニアムを見上げて、いつかそう遠くない将来、私はここに住むと決めたそうです。マンハッタンで毛皮という分野で起業した彼女は、5番街にあるオリンピックタワー（海運王のオナシス所有の有名なビル）に事務所を構えます。

自分のビジネスを成功させた後、同じようにアメリカンドリームを成し遂げた男性、ロッキーさんに出会い、結婚をしました。現在、彼女はマンハッタンのど真ん中、10億円くらいといわれているアメリカンドリームの象徴のような住居に住み、ロッキーさんの残したベニハナなどレストラン事業を拡大しているそうです。

ニューヨークに来たばかりで、おそらくそれほどお金がなかった若き日の恵子さんは、なぜ5番街という一等地を選んだのでしょうか。高級な場所にオフィスを構えることは、より人からの信用を得ることができるからです。そしてそこで出会う人たちとのお付き合いは、人脈となり財産になります。

私のニューヨーク時代のクライアントの投資家たちは、それを考慮して自宅を構え、セカンドハウスを持ち、高級外車を所有していました。なぜならそこで知り会う人たちが、将来自分の人脈になるからです。

ニューヨーカーにとって、ハイステイタスの別荘地が、The Hamptons（ハンプトンズ）。ニューヨーク州ロングアイランドの東端近く、ニューヨーク市から83〜95マイル（約１３４〜１５３㎞）の距離にある海に囲まれた美しい街です。米国でもっとも高価な住宅地はマンハッタンですが、ハンプトンも常に地価ベスト５以内に入ります。都心からバスでも鉄道でも行けますが、夏は車が大渋滞して、２時間半で行けるところが倍かかることも。そこでお金持ちは自家用ジェットで飛びます。

別荘では昼間は乗馬やポロのイベント、夜はチャリティ・パーティなどを行っています。中でもイーストハンプトンが一番高級で、ティファニーやエルメス、トリー・バーチ、コーチなど、有名ブティックが何軒も連なり、スピルバーグやマドンナの別荘もあります。有名高級レストランの前に、ポルシエ、フェラーリ、ランボルギーニ、アストンマーチンなど高級スポーツカーがずらっと並び、その風景は圧巻です。

クライアントの中には、ハンプトンに行ってもマンハッタンにいるのと変わらず、高級レストランを予約するのに手間もかかるし、同じ業種の人たちに出会うので辟易する、といって避けている人もいました。リラックスできるはずの別荘でも富の見せあいをする——それもまたニューヨーカーらしいなぁと思うのですが。

日本に戻ってきてからもビジネスで成功している人たちに多く出会います。そして、成功者はみな「どこにオフィスを構えるのか、どこに住むのか、どんな車を所有するのか。それによって付き合う人が変わるんだ」とニューヨーカーとまったく同じことをいうのです。

あなたが自分を変えたい、自分の人生のステージを上げたいと思っているなら、そのための手段のひとつとして住む場所を変えるという方法もあるのです。そこで出会った人やもの、刺激があなたの財産になるはずです。

もちろん会社勤めをしていて、決まった給与しかない場合、いきなり高級住宅地に引っ越すことは無理でしょう。

ただ、住まいを選ぶ時はできるだけ、自分の目指す人がたくさんいる地域を選んでください。お金持ち、おしゃれな人、個性的な人など目標は人それぞれです。住む場所を選ぶことが新しいステージに上がるための方法のひとつだということを覚えておきましょう。

金持ちほど自分の家も街も育てて伸ばす

家は投資と考える

日本ではひとつの地域にお金持ちもそうでない人も同じように暮らしていますが、ニューヨークでは、けっして広いとはいえないマンハッタンの中ですら住み分けが行われています。

富裕層が住むトップクラスの高級住宅街はニューヨークの近郊の街に点在しています。犯罪もほぼないような安全な地区です。そこよりも少し離れた場所にスラム化している地域があり、境界線は絶対に越えてはいけません。

アメリカでは、高級住宅街に貧しい人が移り住んで来ると、富裕層はその街を捨て、別の地域に移ります。その結果、現在のニューヨーク周辺地区に貧困層が集まり、高級住宅街がどんどんマンハッタンの中心部から離れていくという現象が起こっているのです。

貧しい人々が移り住んでくると、不動産の価値が下落します。ニューヨーカーにとって家は投資でもあるので、資産が目減りする前に、早急に家を売って新しい場所に買いなおす必要があるわけです。

また、地域が荒れると学校が荒れ、我が子に良い教育を受けさせることができなくなります。スラム地区の小学校は、体育の授業も音楽の授業もなく、図書室もないようなところがほとんどです。我が子をプライベートスクールに通わせることもできますが、ニューヨークの私立学校は競争率も高く、学費も日本とは比べものにならないくらい高額です。子どもを数人、プライベートスクールに通わせるくらいなら、家ごと引っ越し、治安が良く美しい地域でプール付きの家を買い、質の高い公立学校に入れたほうが安く済むのです。さらに、犯罪に怯えることのない暮らしも手に入れられます。

ですから、ニューヨーカーたちは自分たちの手で街を守ることに熱心です。2億円で買った家が1億円に下がったら目も当てられません。彼らは2億で買ったその家を

3億で売りたいのです。そのため、学校のレベルを保つためにボランティアにも熱心ですし、教育熱心なのです。それによって子どもが高い教育を受けられ、購入した不動産の資産価値があがり、生活の質もより良いものになるからです。

東京でも今住み分けが年々進んできています。ただ、不動産に対する考えは、その家を終の棲家と考えるのか、より価値が上がる地域に投資として家を購入するのかで、大きく変わってくるように思います。

ファミリーの場合、年収や子どもにかかる費用など金銭的に様々な制約があると思います。ですから、無理のない範囲でローンを払うために多少の妥協は必要かもしれません。例えば地価の安い郊外で子どもに悪影響が及ばない治安の良さを優先させ、大人の通勤には少し不便な場所でもよしと考えてもいいでしょう。

シングル女性のマンション購入なら地域による資産価値の減少によって、見合わない額のローンを支払うようなことにならないように見極めることが必要です。そのために不動産投資のセミナーに行く、経済誌に目を通し地価の変動に敏感になるなどの勉強をしたほうがいいでしょう。損をしないためにアンテナを張り、情報収集のための手間や費用を惜しまないのもニューヨーク流の合理主義です。それでお金がプラスになれば、セミナーの費用など安いものです。

シングル女性は結婚によって家を住み替える可能性が高いですから、将来的に売ること、貸すことを考えてください。例えば、１ＤＫのシングル向けマンションなら、近所に大学や専門学校があれば学生の入居が見込めますから、結婚後も売らずに賃貸にまわす、街が活気を失いつつあるなら思いきって手放して現金化するなど、賢い選択をする必要があります。

〝愛かお金か〟ゴールド・ディガー

お金目当ての結婚も非難されないのがニューヨーク流

ニューヨークには恋愛対象に、成功した富裕層の男性だけ（女性だけ）をターゲットにするゴールド・ディガー（gold digger＝金品目当てで男〔異性〕をたらしこむ女）と呼ばれる女性たちがいます。日本でいう玉の輿にあたるのでしょうか？

フォーブス誌の「The World's Billionaires（世界長者番付）２０１６年版」では、ＴＯＰ20に14人ものアメリカ人が入っていますが、玉の輿といっても日本の比にならないお金持ちを指します。交際する以上、愛はあると信じたいですが、お金持ちと結婚すると必ずささやかれるのが、このゴールド・ディガーという言葉なのです。結婚できれば多額の資産が手に入りますし、その後、離婚に終わっても慰謝料、扶養手当などで、よほどの贅沢をしない限りは、生涯働かなくても良いだけのお金が受け取れるケースも多々あります。

アメリカでは離婚に際し、結婚している最中に蓄積した両方の資産の合計の半分を支払う義務があります。歌手のブリトニー・スピアーズが離婚した際、元夫側に22億円支払ったといわれていますが、たとえ女性であっても稼ぎのあるほうが、相手に支払うのがアメリカの法律なのです。

お金目当て、ということは日本ではタブーのように扱われますが、ニューヨークではそれほど非難されることはありません。というのも、彼女たちはラグジュアリーな暮らしを得るために、外見も内面も磨き上げているからです。努力にはそれ相応の結果が伴うのが当たり前と思われているのです。

また、トロフィー・ワイフという言葉を聞いたことがあるでしょうか。優勝カップのように美しい妻を得ることをアメリカではそう呼びます。成功するまで連れ添った奥さんに多額の慰謝料を渡して別れ、成功者にふさわしい美しい（時に若い）妻を手に入れることで、よりステイタスが上がるのです。

アメリカの現大統領ドナルド・トランプの3番目の妻は元モデルで、富と美しい妻を手にした彼は庶民の男性の憧れでもあるのです。とはいえ、1度目、2度目の離婚で多額の慰謝料を妻側に支払い、懲りた男性たちは、プリナプチャル・アグリーメント（結婚前にあらかじめ、離婚後の財産分与を取り決めた協約）を、弁護士を立てて結びます。

結婚する前から別れる時のことを考えるなんて……と思った方もいるでしょうが、ニューヨークだけでなくヨーロッパの富裕層の間では当たり前に結ばれる契約なのです。これは離婚するためではなく、赤の他人同士がひとつ屋根の下で幸せな結婚生活を送るためのルールです。また、財力のある男性に美しい女性たちが群がる構図も、健全な社会の図式のように思います。

リラックスすることにどれだけ時間を費やせますか？

心と体の危機管理能力を持つ人が成功する

アメリカのスラム地域は、日本でいう〝ガラの悪い地域〟とはレベルが違います。一歩足を踏み入れれば、昼夜問わず、犯罪の危険にあふれている場所です。特にか弱そうに見える日本女性などは巻き込まれる可能性が〝なきにしもあらず〟なのです。

アメリカでは自分の身は自分で守るもの。私はどうしても行きたい街がスラム街のそばを通り抜けないといけない場合、アメリカ人のマッチョな友人男性に連れていってもらっていました。か弱い男性や女性同士ではなく、強そうな男性にです。

安全な日本に戻ってくると、ほっと気が緩むほどニューヨークでは安全に対して気を張っていました。とはいえ、２０２０年には東京オリンピックが行われます。この時、日本がテロリズムの標的にならないとはいえません。

自分の身の安全を守ることと、そして〝心と体〟に対する危機管理能力を高めることと、じつはこれは今の日本人に求められている重要課題です。


先日、米国から来たアメリカ人と打ち合わせをした時のこと。オフがほとんどない生活をしているという私の話に驚いて「SPAに行ったり、リゾートへ行ったり、もっとリラックスして過ごしたほうがいいよ」と呆れられました。

このフレーズ、ニューヨークでも何度か聞いたな、と懐かしさを感じました。

ニューヨーカーは安全に対する危機管理の能力だけでなく、自分の〝心と体〟の危機管理能力も非常に優れているのです。金融業界や法曹界などで目の回るほど忙しい仕事をしている人たちも、東京に住むビジネスパーソンに比べると、リラックスすることに相当な時間を費やしています。

平日は喧騒の中のマンハッタンのアパートやタウンハウスに暮らす人々も、週末は緑のあるセカンドハウスで過ごしたり、休暇を取るのは当たり前。寝る間を惜しんで働くワーカホリックは尊敬されるどころか、自分の体に対する危機管理能力が備わっていないと呆れられてしまうのです。

現在、厚生労働省の医療計画ではこれまでの「4大疾病」（がん、脳卒中、急性心筋梗塞、糖尿病）に精神疾患を加え、「5大疾病」としています。インターネットの発達によって、仕事密度が増加した結果、私たちの心身は日々酷使されているのです。

私はヨーロッパの会社とも仕事をしているのですが、「早く、早く」とせかされて返信メールを送ると、「バケーション中のため、2週間オフィスを留守にします」という自動返信メッセージが戻ってくることがたびたび。そのたびに日本人はなぜここまで仕事に追われながら休みなく働き、プレッシャーによって生命の存続を危ぶまれるような生活を強いられるのだろうか、と思わずにはいられません。

少し話はそれますが、日本では、大手企業や行政、有名人などが、不祥事やトラブルを起こした際に謝罪会見を開くと「謝罪とは思えない横柄な態度をとった」「着ている洋服がいけなかった」と新たな批判を浴びることが少なくありません。その結果、信用回復に相当な時間を要します。会見までに謝罪する自分のイメージをしっかり作れていないから誠意が伝わらなかったのです。アメリカでは、謝罪の際の服装、話す内容、目線、立ち振る舞いなどを含めた危機管理のイメージ作りも徹底して行っています。事前に危機管理のシミュレーションをしておくことで効果的に問題を解決し、誠意を伝えることができるのです。イメージコンサルティングは、ただ素敵に見せるためのものだけではありません。あらゆるシーンで、自分が伝えるべきことを、外見というツールを使ってしっかり伝えるお手伝いをすることなのです。

もっとも、普通に暮らしていれば謝罪会見などを行う機会はほとんどありません。ですが、心身のトラブルや仕事上のアクシデントなど、批判にさらされる危機は思っている以上に存在します。当事者にならないことを第一に考え、万一、トラブルに巻き込まれた時のシミュレーションもしておきましょう。その時のイメージを事前に持っておくことで、ダメージを最小限にとどめることができます。

パーティの会費は食事代ではありません

女子会ではなく社交の場

立食パーティでスマートにふるまうのはなかなか難しいもの。特に日本女性は手が小さいので、バッグを持ってお皿を持ち、フォークで食べるという一連の動作をスムーズにこなせません。また、食べる時はどうしても姿勢が崩れてしまいますし、リップも落ちてしまいます。

最初から最後までエレガントな姿で参加するためには、パーティでは飲み物のグラスだけを持ち、会話を楽しむことに集中するのがおすすめです。

私はパーティに呼ばれることが多いのですが、そこで気づくのが出席者の皆さん、特にパーティ慣れしている男性がほとんど食事を摂らないことです。女性は私も含めて美味しそうなものを見るとつい食べたくなりますが、それでもお腹がいっぱいになるまで食べることは避けるようにしています。お腹が空いたらパーティが終わってから、改めて会場となったホテルのレストランでゆっくり食事をするのです。

空腹のまま会場に行くと会話に集中しづらいので、出かける前に軽食を摂っておくことをおすすめします。私は出かける前に軽くつまんでから向かいます。そのおかげで会場についてからはゆっくり人と話すことができますし、お腹が空いてイライラすることもありません。パーティが終わる頃にちょうどお腹が空いてきますから、パーティで知り合った人たちと誘い合ってレストランやバーに行けばさらに親睦を深めることもできます。

ただ、パーティのスタイルは多種多様です。女性ばかりが集まる女子会であれば「これが美味しいわよ」などといいながらワイワイ食べたほうが楽しいですし、ホームパーティや座席が用意された結婚披露宴や懇親会では料理を楽しみたいもの。しっかりと食べたほうが先方にもシェフにも喜ばれます。

逆に仕事関係や結婚式の二次会、婚活や異業種交流会で催されることが多い立食パーティでは、食事は控えたほうがスマートです。

また、座席があったとしても、ビュッフェスタイルの料理が出されるパーティでは、料理をお皿に山盛り取ると見苦しく感じられることもあります。美味しそうな料理を見るとあれもこれもと食べたくなるものですが、どうしても食べたいものだけを少しだけいただくようにしましょう。

会費を払った分がもったいないと思う人は「パーティの会費は友だちとの会話を楽しんだり、交友関係を広げるためのもので、食事の代金ではない」と割り切ってしまいましょう。

Column 6

ボウルひとつでパーフェクト！

チョップドサラダでチキンも野菜もチーズも

ニューヨークの食文化というと、硬くて噛み切れないステーキ、ベーグル、チーズケーキ、ピザなどを思い描く方が多いと思います。移民が市内人口の37％（2015年現在）を占めているマンハッタンには、2万4000軒を超える多種多様なレストランが軒をつらねています。ストリートフード（露店）から高級レストランまでありとあらゆる食事が楽しめるのはニューヨークならでは。

アメリカ全体では年々肥満人口が増加し、首が回らないくらい太った人も珍しくありませんが、ニューヨークでは、健康志向が年々過熱化しています。ニューヨークは、オーガニックの先進タウンでもあるのです。マンハッタンのあちこちにあるデリ（デリカテッセン）でのニューヨーカーのお目当ては、サラダバー。

日本のサラダバーとは違い、オーガニック栽培の野菜、ナッツ、豆類、数種類のチーズやグリルチキン、ワイルドライス、雑穀米などから、自分に必要なものをチョイスし、チョップ（小さくカット）してもらってから大きなボウルに入れるスタイルです。ボウルひとつで、良質なたんぱく質や脂質、炭水化物といった体に必要な栄養素を摂ってしまおうというニューヨーカーらしい、合理的な食事です。

New York Style

CHAPTER 3

「私は私」と思えたら

Mind

人の目を気にしない

フェイスブックに振り回されない強さ

私がアメリカに渡って最初に得たもの。それは〝とてつもない解放感〟です。

私は、父は国家公務員、母は専業主婦、弟がひとりという家庭で、どちらかといえば厳しく育てられました。子どものころの住まいは官舎で、母が近所付き合いにとても気を遣っていたことを今でも覚えています。

幼い私がお友だちの家に呼ばれ、お菓子をいただいた時のことです。家で待っている弟にもお菓子を食べさせたいという一心で「弟の分もお菓子、ちょうだい」といったことがあります。後日、それを知った母にきつく叱られました。

幸か不幸か、子ども時代の私は勉強もスポーツもよくでき、常に学級委員に選ばれる、いわゆる優等生でした。「由美子ちゃんはよくできる」といわれれば、母の鼻も高くなります。私自身、いつの間にか両親の自慢の娘であること、ご近所から褒められる存在であろうと、周囲の目を気にする女の子になっていました。

そんな私が初めて他人の目を気にしないで生きられる場所、それがアメリカ、ニューヨークだったのです。もちろんそこには人種差別や階級、職業、性差別などあらゆる差別が存在します。それでも他人の目を気にすることなく、自分軸を持てる風土がしっかりあるのです。

日本に戻ってきて、驚いたことはフェイスブックの大流行でした。他人に自分を見せることをよしとしなかった日本社会で、それが受け入れられ、多くの人たちが自分自身で投稿しています。そのうち「リア充」なる言葉が登場し、他人の目から見て楽しそうで、生き生きしている自分を載せることで幸せを感じ、また逆にそれを見ることで意味もなく落ち込んだり、嫉妬を感じる人たちが出てきています。

他人から見た自分を意識すれば、当然自分軸は大きくぶれます。自分が幸せになるという当然の指針が「他人から見た時に幸せそうに見える自分」になっていってしまうためです。

今、私は仕事を通じて「自分のやりたいこと、本当に幸せを感じること」と、「他人から見て幸せな自分」が混ざり、苦しんでいる人に多く会います。それはかつて、ご近所の目を常に意識していた私とまったく同じ人たちです。

物事を決める時、他人の意見や目に左右されることなく、自分の心に問いかける。他人の目を気にしない解放感を私のように味わってほしい――私はいつもそう思っています。

そのためには人からの嫉妬や妬み、時に非難を受けても、自分の心地の良い生き方や感じ方を貫き通せる〝強さ〟が必要なのです。

無理なことも「できる！」とハッタリをかます

チャンスの神様の前髪をつかめるのは1秒

ニューヨーカーのハッタリにはすごいものがあります。

「新しい仕事を頼めるかな」と聞かれれば、たとえ未経験でも「まかせて！」と自信満々に答えます。

できないこともできるといい、ぐいぐいと前に出てくる人がとても多いのです。そうしないとチャンスをつかめないのですからやむを得ません。

日本人のように「私にはとてもできません」などと謙遜していると、せっかくのチャンスを他の誰かに奪われてしまうのです。

するともう二度と、順番が回ってくることはないかもしれません。

チャンスの神様には前髪しかないといわれています。

あなたの前に突然ビッグな仕事の話が来た時や、素敵な男性が現れた時、「ちょっと考えさせてください」「じっくり判断したいです」と時間をかけていたら、チャンスが逃げていってしまうかもしれません。

チャンスはこちらに向かってきた時にさっとつかむもの、振り向いた時につかもうと思っても後ろ髪がないのだから、もう手遅れです。

チャンスをつかみたいのなら、本当は無理かもと思うことでも「できる！」と大きく出てしまいましょう。それに向けて頑張れば、何とかなってしまうことが多々あるのです。

ポイントは、日頃からアンテナを高くしておき、その話にワクワクするか否かで即答すること。心を柔軟にしていると、チャンスの神様の前髪をつかむことができるのです。

決して「自分にはきっと無理だから」という根拠のない理由で逃がしてはいけません。ピンとくるか否か、たった1秒の判断で「やります。やらせてください」といえたら、あなたは次のステージに行けるでしょう。

自分に限界を作らずチャレンジすると、実は自分の限界だと思い込んでいた天井がもっともっと上にあったりするのです。そこから先は天井がどんどん高くなって、今まで視界を遮っていたものに気づくはずです。その壁とは、あなた自身の思い込み＝心の壁だったということに、です。

心の底から欲しいと思うことが最短最速の方法

欲しいものは徹底的に具体化する

ニューヨークには世界中からチャンスを求める人々がやってきます。その中でも成功を収めた人たちは、自分の願望を叶えることがとても上手です。

それはなぜなのでしょうか？

最近よく耳にするのが、「引き寄せの法則」。強く願うことで、どんな願望でも思い通りに叶えられるというメソッドです。ですが、実際に「引き寄せの法則」がうまくいったという人はあなたの周りにどのくらいいるでしょうか。もし、あなたが「願ってもうまくいかない」と嘆いているのなら、それはその方法が間違っているのです。

じつは、自分の願望を思い通りに叶えるにはコツがあります。

「幸せになりたい」と漠然と願っていませんか？　「幸せ」は人それぞれ違います。仕事で成功することが幸せだと思っている人もいるでしょうし、お金があることが幸せだと思う人もいるでしょう。また恋愛することこそ幸せだと思う人もいるでしょう。自分が得たい幸せとは何か――まず、それをしっかりとクリアにしてください。

成功しているニューヨーカーの願望はすべて具体的で、目標に対してしっかりとフォーカスを定めているのです。そのため、願望を叶えるための行動がとりやすくなります。小さな子どもがサンタクロースに手紙を出す時、しっかりと自分の欲しいもの、住所と名前を書きますよね。そうしないと、いつまで待ってもプレゼントは届かないことになるのです。

例えば「もっとお金があったらなぁ」という願いがあるとします。その時こう考えるのです。「それはなぜ欲しいのか？」

そのお金を元手に、物価の安い地域の古民家を改築したカフェをオープンさせたい。昼間の時間帯は、行き場を失ったお年寄りと小さな子どもやママ、ペットの交流の場を作りたい。夜の時間帯は、シングルの女性や男性、孤食を強いられている子どもたちが気軽に来られる栄養満点のディナーメニューを用意する。土にこだわって旬の野菜を作っている地元の農家の方々と契約したい。それまでにはどのくらいの軍資金が必要で、いつまでに用意したらいいのか。将来のカフェのオープンに向けて、自分も勉強しながら働く方法はないか。また、クラウドファンディングで集めてみよう。あるいは、社会貢献カフェのコンセプトに賛同してくださる企業や個人のパトロン（スポンサー）を探そう。

そこまでしっかりとフォーカスしていれば、その後の行動にもハッキリと違いが出てきます。漠然と願い事をしながら、毎日を過ごすことがなくなるのです。

今のお給料で望んでいる生活ができないなら転職する、転職に有利な資格を取る、足りない分をセカンドワークで補う、勉強会に出てみる、新しい人脈作りを始めてみるなど、フォーカスした通りの行動をとれるようになり、どんどん願いが叶っていくのです。

自分の願いをハッキリと思い描くために、まず自分の理想を具体的にノートに書き出してください。理想は細かいほどいいでしょう。

あなたが結婚相手をさがしているのなら「楽しい」「優しい」など、抽象的な言葉はできるだけ避けてください。「優しい男性と付き合う」と書いても、あなたにとって、相手がほとんど怒らないことが優しさなのか、ちゃんと向き合って意見をしてくれることが優しさなのか、家まで送ってくれることが優しさなのかなど、ヴィジョンがハッキリしません。

すると、フォーカスが定まらず願望がブレてしまいます。「必ず食事をおごってくれる」「車を持っている」「デートの帰りは必ず家まで送ってくれる」と具体的に書きましょう。

ノートには思いついたことはいつでも、何度でも書いてください。読み返したり、書き足していくうちに、あなたの行動そのものが願望を実現することにフォーカスを絞った方向に変わっていきます。その結果、思い通りの人生が手に入るのです。

心が変われば行動が変わる。

行動が変われば習慣が変わる。
習慣が変われば人格が変わる。
人格が変われば運命が変わる。

すべてはあなたがどれだけその物事を真剣に願い、取り組み、行動を起こすかなのです。

Column 7

Whole Foods Marketが人気のワケ

肉食系からビーガンまで

日本人にもショッパー（ショッピングバッグ）がお土産にされるほど人気の自然食スーパー「Whole Foods Market」や「Trader Joe's」。

ビーガン（完全菜食主義者）のために、肉の代わりに豆や豆腐を使った食材や、菜種油でできたマヨネーズ風調味料、亜麻の種でできた卵の代替品などが並んでいます。ミルク類も、豆乳、ライスミルク（米のとぎ汁に甘みをつけたもの）、ココナッツミルク（飲めるように薄めたもの）、オートミルク（燕麦《えんばく》を搾ったもの）、ヘンプミルク（麻の種を搾ったもの）、アーモンドミルクなどが揃っていて、ここに行けば、食へのこだわりが強い人が困ることはありません。

日本では年々食物アレルギーを持つ人の割合が増えています。アトピー性皮膚炎は、食物とは別のアレルギー性疾患ですが、食物が原因で症状が悪化することがよくみられます。

毎日体の中に入る食物が自分の体質に合っているのか私達は、もっと知る必要があります。

そして、ニューヨーク並みに自分の体質に合う食材を購入できるスーパーが増えることを願っています。

美人顔なのに美人に見えない人

幸せになりたければ我慢はやめる

私のもとに20代半ばのNさんがやってきました。毎日、仕事と家の往復ばかりだというNさんは、モヤモヤした自分を変えたい、と私を訪ねてくれたのです。しかし、見ればメイクもせず、服装もシャツにジーンズ。Nさんは可愛らしい顔立ちをしていましたから「もったいない」というのが、私の第一印象でした。きれいにメイクアップして、女の子らしい服装をすればぐんと見違えるはずです。さらに、Nさんの表情は硬く、笑顔がほとんど見られないのも気になりました。

Nさんはカイロプラクターになる夢を追うために地方の公務員を辞めて、親戚の紹介で始めたアルバイトを掛け持ちしながら、シェアハウスに住み、生計を立てていました。

よく聞けば、早朝は都心のレストランでウェイトレスを4時間、その後、別の居酒屋で揚げ物を一日中揚げているのだそうです。一日の労働時間は、15時間くらいでした。しかも居酒屋では、様々な人たちに怒られるそうです。同年代のアルバイトの女性には無視までされて、本当に辛そうでした。

それを聞いた時、私は居酒屋の仕事はすぐに辞めるようにいいました。カイロプラクターになるために生計は立てなくてはいけないけれど、毎日、厨房で揚げ物を揚げて、周りの人に怒られていたら、笑顔も失うでしょう。おしゃれもできないし、万一、顔に油がハネたら一生消えないヤケド跡になってしまいます。例えば料理人になりたいといった目的があれば別ですが、生活のために20代の彼女が就く仕事ではないと思ったからです。私のアドバイスを聞いて、Nさんは泣きだしてしまいました。

「仕事、辞めていいんですか？」

Nさんはもともと、仕事を辞めたがっていたのです。辞めたい、と漏らすたびに、親や親戚、カイロプラクティックの先生からまで「辛抱が足りない、我慢が足りない」と反対されていたのです。そうしているうちに、辞めたいと思うのは自分に我慢が足りないからだと思い込んでしまったのです。ですが私が「辞めなさい」といったことで、彼女の中の、悲しみ、怒り、理不尽さ、自分を容認する気持ちがあふれ出てきたのです。

あなたの目指す頂点があって、そこに向かってどんな道を歩いても良いと思うなら、なおさら無理や理に適わない仕事は辞めるべきです。カイロプラクティックは、人の体に触れるお仕事です。それに近づけるようなパートタイムのお仕事をするほうが効率的だと思うのです。

明るい表情で帰られたNさん、その未来が明るいものでありますように。

好きなこと、やりたいことはつらくない

Nさんのお話をしましたが、彼女に限らず、日本人は我慢強い人種だとよくいわれます。私がニューヨークから引っ越すことに決め、業者が荷物を運び出したのは、2011年3月11日、東日本大震災の日。原発事故の影響で日本にいた多くの外国人

たちが、我先にと成田空港から本国に飛び立つ中、ガラガラに空いたニューヨーク→東京便で戻ってきました。その日から毎日繰り返されるTVのニュースを見ては、震災の不幸に耐える日本人の我慢強さに感動する毎日でした。震災時は東日本の方の我慢強さに助けられましたが、日常生活であなたは我慢しすぎて〝自分の好き〟にすら気付かない人生を送ってはいないでしょうか。

これまで私が出会った人々――それも大成した人のほとんどが「普段は我慢しない人たち」でした。その代わり、自分がやりたいことに対してはとてつもない集中力と行動力を発揮し、驚くほど粘り強く自分の願望を叶えてしまいます。ムダな我慢はしないけれど、自分のやりたいことは我慢と思わず、けっして願望を手放さないことが、成功者のセオリーなのです。

例えば、あなたの家が代々続く医者だったとしましょう。自分は小さいころから絵を描くのが好きで、時間があったら、ずっと絵を描いていたい。特に医者になりたいわけではないけれど、両親からの期待を感じて、小さいころからコツコツと勉強を続けてきました。ですが、2度も医学部の入試に落ちてしまい、人生に暗雲がたちこめ、とてつもなく暗い毎日を送っています。あなたは患者さんを救いたいという目的があって、医者になりたいわけではないのです。本当は好きな絵を描いて人々に感動を与えたい。医者の道は、親や祖父母を悲しませないための選択です。たとえ医者になったとしても、きっとあなた自身も、あなたに診てもらう患者さんも幸せではない将来が待っています。しかもあなたの両親はあなたに医者になれといったこともなければ、あなたが画家になりたいという夢も知らないのです。

日本では我慢が美徳のようにいわれていますし、苦労しないと大成しないと思われていますが、それを当たり前のように考えてはいけません。あなたはなぜ「我慢すること」を「選択」しているのかを考えてみてください。よく考えてみると、「我慢すること」を、強要しているのは、実はあなた自身であることに気がつくはずです。

本当にやりたいことがあるのなら、必要性のない我慢をする時間はもったいないと思うべきです。自分がやりたいこと、好きなこと、得意なことで思う存分、本領を発揮することが、成功への最短距離だと考えてください。

やりたくないことをイヤイヤやっているということは、短い人生のムダ遣いをしているのと同じこと。ムダな我慢を手放して、本当に自分がやりたいこと、好きなことに没頭する時間を作ればいいだけです。たとえ苦しくても、やりたいことをけっして手放さないための努力なら、我慢ではなく、忍耐になるのです。

忍耐とは光や希望が見える時に行う行為で、我慢は閉ざされた暗い部屋で毎日暮らすようなものです。あなたがツラいことに出合ったら、何のために我慢をする必要があるのかを自分に聞いてください。

あなたが何をしたいのか、何なら我慢と感じずに没頭できるのか、強い意志をもって目的のある生き方を探してみましょう。

「好き」を追求すれば自由に生きられる

モヤモヤは自分が作り出すもの

私がニューヨークに渡る前に感じていたモヤモヤは、自分で自分自身を縛っていたことが原因でした。それが、アメリカという異国の地に渡ると、今までにない解放感を感じました。ただ、はじめから解放されたというわけではありません。

渡米当時、4歳だった息子を朝8時から18時まで、プライベートスクールに預けることになりました。英語もわからない幼い我が子が、長時間学校に入れられる不安を想像し、母子が離れる悲しみで胸がいっぱいになり涙をこぼしました。

当時は、2年間で日本に戻る予定（その後7年近くに延長されますが）でしたので、その間に語学の勉強をし、資格も取って日本に戻りたいと考え、自分の時間を作るため、小さな我が子を長時間保育の学校に入れることにしたのです。そして、そのことに罪悪感を感じていたのでした。子育てもせずに子どもを学校に預けて、自分の好きなことをするなんて身勝手な母親ではないか？——これは日本における「母たるものは自分を犠牲にしても子どもを育てるべき」という考えが私の中にあったのですが……。

ところが、子どもを思い、自分の罪悪感に耐え切れずに涙した私に、初めてできたアメリカ人の友人が笑顔でいいました。

「Welcome to Freedom!（自由の世界にようこそ）」

友人は笑って、

「子どもは学校でたくさん友だちができて、新しい世界が見られるんだよ。その時間にユミコが自由に好きなことができるなんて、素晴らしいことじゃない」

そうなのです。私が感じていた罪悪感は、日本で当たり前とされている良い母親像から外れてしまったことに対してのものだったのです。

その時から今まで、私は自分の「好き」を追求し、◯◯君のママとしての人生ではなくて、私の人生を生きています。それでも息子は文句ひとついわず、彼の人生を謳歌してくれています。

私のところに見える多くの女性が、本当は自由なのに、何かに縛られて明るい道を見つけられずにいます。もちろん、自由には責任が伴いますから、結果が悪ければすべて自分が責任を取らなければなりません。だから「自由と引き換えに、責任を取らなければいけないなんて無理」と挑戦する前から諦めている方もいます。ただ、諦めてしまったら、この先の人生はずっと、何かに縛られたままです。

では、あなたを縛っているものは何でしょうか？

会社？　仕事？　両親？　彼氏？　夫？　子どもたち？　社会的通念？

あなたが縛られている今の行動基準や範囲は「女性は、妻は、母はこうあるべき」と小さいころから教えられただけのことではないでしょうか。

あなたの人生はあなたが主役なのです。他の誰のものでもありません。もっと自分らしくあなたの「好き」を追求してみてください。それだけできっと、心にたまったモヤモヤは晴れます。

New York Style

自己肯定感を正しく持つ

カサブランカになりたいチューリップ

「自分に自信が持てないんです」――これもイメージコンサルティングを行っていて、本当に多くの女性たちから発せられる言葉です。

今でこそ、自信がありそうに見える私ですが、私がニューヨークの仲良しアメリカ人たちからつけられたあだ名がＷｏｒｒｙ子（心配する子）。私自身、長い間、完璧主義からくる自己肯定感の低さには相当苦しめられていました。

自信が持てない。
人の目を気にし過ぎる。
自分のミスが許せない。

いつも心配している。
褒め言葉を素直に喜べない。
失敗を恐れてチャレンジできない。

など、自己肯定感が低い人たちは、自分をなかなか肯定できず、苦しんでいます。周りから見れば、恵まれた容姿や職業を持っているのに、なぜか自分にダメ出ししてしまうのです。

原因は様々ですが、親からの厳し過ぎるしつけなどの成育環境にある方がとても多いです。できなかったことを否定されたり、褒められなかったり、「100点を取ったら買ってあげる」など、条件つきの愛を与えられたことに大きく起因するといわれています。

また、自慢話ばかりする、やたらアドバイスしまくる、他人を批判ばかりする、怒りっぽいなど、あなたの周りにいるちょっと困った人たちも、実は自己肯定感の低い人たちなのです。自信のなさから、どうしても相手に認められたい、相手をコントロールしたい、自分が上に立ちたいと相手を攻撃してしまうのです。そんな自己肯定感の低い人は、仕事も恋愛も負のループに入り込みがちです。

私はイメージコンサルティングでよく女性を花にたとえます。お客様からは「○○さんのようなイメージになりたいです」と、有名モデルや女優さん、ちょっと手が届きそうなタレントさんまで、様々なお名前が出てきます。

ですが、ご自分に自信のない方、ご自分の魅力に気がついていない方が陥りがちなのが、「薔薇に憧れたスイートピー」「カサブランカになりたいチューリップ」になってしまうこと。美人女優に憧れても、けっして同じにはなれません。女優さんは確かに美人です。けれど、一般女性より優れているということではありません。それぞれ、**持っている魅力が違う**のです。

花束で、添え花のように思われているかすみ草。私の大好きなお花のひとつですが、実はとっても凛としていて奥ゆかしさがあるのです。あなたがそのかすみ草のような方だったら、ガーベラに変えようと私は思いません。かすみ草のような凛とした奥ゆかしさをどうやったら出していけるだろうか、とお客様と一緒に答えを考えていきます。

どんな花にも華があり、色と香りがあります。その色香を認めて、愛でてあげた時、あなたの色香がオーラとなって、人を圧倒し、素敵だなぁと思わせるのです。「愛されたい。必要とされたい」誰もがそう思います。でもいつもあなたと一緒にいて、あなたを一番理解してくれて、あなたがどんなミスを犯しても、あなたがどんなにネガティブに打ちひしがれても、あなたと常に一緒にいてくれるのは、あなた自身なのです。

どうか自分と素直に向き合って、「頑張っているよね」と無条件に愛してあげてください。そんな自分を可愛いなと思ってあげられるのは、あなたしかいないのです。

幸せを引き寄せるにはスペースが必要

いらないものはさっさと捨てる

ニューヨークは人も物も、情報もあふれています。ニューヨークの成功者たちは、パフォーマンスを一番高めるための自身のキャパシティを知っています。ですから、どんなに苦労して手に入れた物でも、自分に必要ないとわかればすぐに手放します。それは物だけではありません。目に見えない、心の問題もそうです。例えば、自分の力が及ばない人間関係のもつれ、コンプレックスや悩んでも仕方のない問題はさっさと捨ててしまいます。そのほうが時間がムダにならず、前に進めるからです。そして、この合理主義こそ、ニューヨーカーが「引き寄せ」を実現する大きなポイントとなるのです。

自分の容姿にコンプレックスがあって、モテないアメリカの心理学者が、ニューヨークの公園で、たくさんの女性に声をかけた実験がありました。女性に声をかけても断られるのは容姿に問題があるからだ、という仮説を立てたわけです（笑）。結果は、フィフティフィフティ。誘いを断ったほとんどの女性は、彼の容姿がほかの人より劣っているという理由で断ったわけではなく、仕事など用事があり急いでいたから断っただけでした。その後、彼は、誘いに応じた一人の女性と結婚したそうです。

コンプレックスは、それに向き合い解消できる人や、それをバネに頑張れる人には、どこまでも大きなエネルギーを生み出すものです。逆にコンプレックスに常に悩んでいれば、それは執着となり、私たちを消耗させます。

幼少期の挫折感や人と比べて劣っていると感じてしまった経験は、誰しもが持っているものです。けれど、これに必要以上に執着して、なかなか前に進めない、自信が持てない、積極的になれない方が陥っているのが、足りていないところに常に焦点をあててみてしまう心なのです。

実際、私のお客様の中にも、本人が感じているコンプレックスのほとんどはコンプレックスではないと感じることがあります。

顔が大きいと常に悩んでいる方は、顔の輪郭ばかりに目が行きます。アイメイクを変え、髪型を変えれば、簡単に解消されることがほとんどなのに、本人には顔の輪郭しか目に入ってこないのです。イメージコンサルタントの私からみると、「顔の大きさより、ヘアスタイルです！」と叫んでしまいます。

学歴コンプレックスに悩んでいる方も同じです。出身学校のプレートを下げて街を歩いているわけではないのに、ついつい人の学歴と比べて自分が劣っていると感じてしまったり、自分の子どもに必要以上に良い学校に入ることを強要し追い込んでしまったりします。

これはコンプレックスそのもののの見方を変える、受け止め方を変えることで、解消されるものです。自分の足りていないところではなく、足りているところに焦点を当ててみる。

また幸せを共有できない身勝手な彼と別れられない。別れた彼に対して恨みというネガティブな感情、執着でつながっていることもあります。

せっかく入った大企業だからと、仕事もきつく人間関係に苦しめられているのに、企業の名前、肩書に執着するあまり、そこから離れられずに体をこわす。

変化する時には、大きな勇気が必要です。人は本能的に変化を恐れ、変わることを拒む性質があるのです。ずっと慣れ親しんだ執着は時に安心感を与えてくれ、それを失えば、孤独や寂しさが増したように感じます。

ですが、あなたが恐れている孤独な未来は、あなたが執着を手放した時に、それが実は錯覚であったとわかるでしょう。ですからどうか〝手放す〟ことを恐れないでください。新しい始まりには、スペースが必要なのです。〝手放す〟勇気で、新しい始まりを引き寄せましょう。

ひとりでいることを恐れない女性はモテる

自分を持っていれば何も怖くない

ニューヨークで出会った素敵な人たちの中で、ここは真似したいなと思える部分をあげるとすると、「精神力が強い」、「意志が強い」でしょうか。それだけ聞くと、自分の意思があり過ぎて怖そうなイメージにとらえる方もいるかもしれません。でも私の経験からいって、自分をしっかり持っている人は、自分に自信があるので、嫉妬もしないし、他人の良いところを素直に認め、他人の意見を受け入れられる受容力があり、優しい人が多いと思うのです。

日本人は、人との比較の中で生きている方が多く、なかなか自分の意思を持てない社会です。ではどうしたら、その世界から離れられるのでしょうか？

答えは「群れるのをやめること」なのです。ニューヨークの成功している女性たちは、仲のいい友だちはいても、いつもべったりしていたり、集団で何かをするということはほとんどありません。自分と違う意見に同調することはありませんし、例えば仲のいいグループのメンバー全員から遊びに誘われても、それが自分の好みに合わない場所であればハッキリと「私は行かない」といいます。それでカドが立つこともありません。断られたほうも「そう、それじゃまたね」でおしまいです。

ですが、日本人は、集団でいることを好む人が多いようです。誰かといれば安心、そのグループにいると自分が大きく見える、独りぼっちの孤独を感じずに済むと思っているのかもしれませんが、そこは小さな小さな村社会です。村の決まりの中で生きているとラクな反面、確実に考える力や行動力が下がります。物事の良し悪しや、自分にとっての本当に必要なものも見落としてしまいがちになるのです。

自己実現を成し遂げる人は、村社会にとどまらず、様々な人たちから素直に学び、自発的な思考や行動がとれる人たちだということを忘れないでください。

ただ「群れない」といっても周りの人に心を閉ざし、浮いてしまうような存在になるのは賢くない選択です。学校や会社のような組織では、群れない女性は、同性に不安感を与え、時に協調性がないといわれてしまったり、残念ながらはじかれてしまうケースもあります。コミュニティに応じた臨機応変な対応をする余裕も必要でしょう。「私は誰とも交流しないの！」とトゲトゲしくなるのは、群れないというよりも好かれない人です。ニューヨークでもパーティなどでは、グループを作って和気あいあいと会話を楽しんでいます。その場の雰囲気を壊さず、他人の意見を素直に聞ける人であれば、群れない女性は同性からも尊敬され、異性からは自立していて個性的で魅力的に映ります。

ひとりでいる分、男性もデートに誘いやすいのでモテる女性が多いのです。

「気にしない」。嫉妬心を成長させない方法

嫌なことをアウトプットしてみる

悪口、陰口、噂話……。これらは、悲しむべき日本の3大悪です。私はニューヨークで暮らして初めて解放感を感じたとお話ししましたが、それには陰口の心配がなかったという点が大きいです。

まずニューヨークでは「あなたは（自分は）こうあるべき」という言葉が存在しません。そのため、人と違っていても陰口や噂話をされる心配がありませんでした。外国で暮らすと初めて気づくのですが、日本では表立って議論することは大の苦手なのに、陰で文句をつけている人たちが非常に多いのです。いじめもそうです。1対1ではいえないことを、複数、不特定多数という隠れ蓑を着ることで悪口をいった結果、いじめに発展したり、インターネットで攻撃したりすることも起こりうるのです。

もっとも、他人のことは気にしないといっても、ニューヨーカーも人間です。他人に対して嫉妬心を抱くこともあるし、気が合わない人もいます。ただ、そういった負の感情は滅多に表には出しません。「私はあの人のことは苦手」とさらっと皆の前でいってしまってあっけらかんとしている人が多いのです。それに対して、相手が「私はあの人と気が合うわ」といっても大丈夫。決して「何で私に同調しないの、あの子と仲良くしないで」などと責めることもありません。


そもそも、人はなぜ嫉妬してしまうのでしょうか。嫉妬とは、自分の価値を誰かと比べて計ろうとし、『負け』を感じた時に起こる心理状態です。日本人は他人と比較することが好きなので嫉妬心を持ちやすいのです。

職場でみんなにちやほやされる美人の同期。

有名企業で働いて生き生きしている学生時代の友だちの姿。

素敵な夫と可愛い子どもに囲まれている写真をSNSでアップするおさななじみ。

いつも高級品を身につけている友人などなど……。

嫉妬は本当に辛く厄介です。嫉妬している自分の顔を想像してください。への字に下がった口、眉間のシワ、つり上がった目。嫉妬はあなたの魅力を負のオーラで隠してしまいます。

ニューヨーカーのように「他人は気にしない」と思えればどんなにラクだろうとため息をついている方、嫉妬心の克服法を教えます。

自分が相手に対して嫉妬してしまう項目を書き出して、向かい合ってみましょう。例えば、自分より可愛くないA子が、最近、中小企業の三代目社長になる男性と結婚したのでお祝いもかねて遊びに行ったら、義理の両親に建ててもらった都心の一等地の素敵な家に暮らしていた。それから大手企業勤務で自慢だった自分の夫に、イライラしてあたってしまっているとしましょう。

その嫉妬は、A子さんの住んでいる家に嫉妬しているのか、ご主人の年収なのか。もしそれが住居を含めたお金に嫉妬しているものなら、あなたもお金を稼げばA子さん以上の生活を得ることも可能なのです。嫉妬という感情は自分と同等かそれ以下と感じた人に起こりやすいものです。まず自分の嫉妬の原因をつきとめること、その気持ちと向かい合うことが大切です。

A子さんについてあらためて考え直してみましょう。自分より可愛くないと思っているA子さんですが、仲良くしていた時、優しかったこと、可愛らしかったことはありませんか。先に結婚した自分に対し、当時彼氏もいなかったA子さんが心から喜んでくれたことを思い出すかもしれません。大恋愛で結婚したご主人の良いところも、いくつもあげられるはずです。また、A子さんはご主人のご両親との関係に多大な努力をして心労も相当あるかもしれません。そしてA子さんのお金に嫉妬しているなら、夫が次男で義理の両親から程良い距離を置いている自分の自由さに感謝し、お金に縛られた不自由さも思い描いてみることです。

それでもどうしても嫉妬がなくならない場合、ニューヨーク式合理主義では、嫉妬の原因となるものを切り捨てることを選びます。

嫉妬心をなくすために、A子さんのSNSなどをなるべく見ない、A子さんと距離を置いてみる選択肢もあるのです。

「友だち付き合いをなくすなんて」と思うかもしれませんが、A子さんに会うたびに自分の気持ちがザワついて、A子さんや自分の周りの人々に嫌な態度をとれば、あなたも周りの人も不幸です。

人生にはいくつかのステージがあります。場面が変われば、またA子さんに会って昔以上に仲良くすることもあるでしょう。自分がハッピーになるための合理的な人付き合いのためには、自分の嫉妬心との上手なお付き合いが大切です。

「みんながいっていた」には要注意

女性の噂話には首をつっ込まない

どんなに素晴らしい人でもすべての人に好かれることは不可能です。私のお客様のように起業・独立し人前に立つような仕事をしている場合、そこには多かれ少なかれ光が当たり、嫉妬や妬みといった影ができるものです。光が当たっているように見える人たちも、見えない努力を積み重ねたり、様々な悩みを抱えていたりするものですが、それは決して見えない部分。

私の場合はどこかに所属したり、常にべったりした友人関係は苦手です。時には孤独も感じるけれど自由であることのほうが居心地が良く自分らしくいられることに、ニューヨークに渡ってから気づきました。パーティもほとんど行かないことで有名になっているようです（最近は心を入れ替え、なるべく参加するようにしています）。本を出版したり、華やかに見える分（実際には地味ですが）、私に嫉妬する人もいるかもしれません。

私は自分が心地良い人たちとだけ一緒にいるため、陰口が耳に入ってくることはまれなのですが、聞いてしまうともちろん凹みます。そして、他人からの嫉妬などの人間関係にとても悩んで無理している女性も少なくないのです。

自分の陰口をいうような人とも話せば分かりあえるだろう、仲良くしようとこちらから歩み寄っても、あまりいいことはないでしょう。何らかのきっかけであなたに嫉妬心を抱き、あなたを気に入っていないのですから、こじれることのほうが多いかもしれません。

そして陰口をいう人と同じくらい厄介なのは、とても親身にそれを告げてくる人たちです。「あなたのことをあの人がこういっていたから、気をつけてね」これは思いやりのある忠告に聞こえますが、時に悪意あるアドバイスだったりします。私はこういった場面に出くわしたら、「ありがとう。でもその方にご迷惑をかけているわけではないので、気をつけようもないの。だから今後こういった話は遠慮するわ」といっておしまいにします。

もちろん、本人から「私は由美子さんのこういうところが良くないと思う」といわれたらそれは真摯に受け止めます。

言葉は怖いもので時に独り歩きをします。「あの人ってちょっととっつきにくいわよね」と友人が話していたことが、「みんながあなたのこと高飛車だっていっていたわよ」になったりするのです。

第三者の噂話を友人に告げる理由は、様々かと思います。本当に相手のためを思っていることもあるでしょう。自分もその陰口の意見に賛成だけれど、直接いうと角がたつため、「誰それがこういっていたよ」「みんながいっていたよ」とその場にいない人を隠れ蓑にして伝えたいということもあり得ます。相手と噂話の張本人たちとの関係性を悪くしたいことも考えられます。

私たちは自分が正しいと思って生きているものです。自分と意見が違う人に出会うと、「この人、ちょっとおかしい」と決めつけてしまう人も少なくありません。ニューヨークでは、誰もが自分と違う意見の人たちを心地良く受け入れていました。

人は人、自分は自分として生きていると、違う意見もあって当然と思えるものです。

誰かを悪いと決めつける前に、様々な考えややり方を受け入れる努力が必要です。そしてどうしてもわかり合えない場合、まったく関係のない友人に愚痴でもいって、その相手から離れましょう。

また、友だちと一緒にいて、誰かの噂話になった時、あなたが違うと思ったら、その話に無理に同調する必要はないのです。「ごめんなさい。私、◯◯さんのことよく知らないの」あるいは、「そういう部分もあるのね。私は彼女の誰にでも分け隔てなく接するところがすごいなあといつも感心しているんだ」などポジティブな話題に変えてみてください。

私の知っている人格者のほとんどは、「◯◯さんが君のことをすごい人だと褒めていたよ」といい噂話をしています。人と人とを良い形でつなげる人だから成功している人だなぁと思います。

だから、これからはポジティブな噂話をしてみましょう。幸せが、あなたに何倍にもなって戻ってくるはずです。

不幸が伝染する3つの言葉

「でも」「だって」「どうせ」

「でも」「だって」「どうせ」。

3Dといわれるネガティブワードをあなたは使っていないでしょうか。ニューヨークで価値観が合わないことに出合った時、「でも、私は日本人だから」といったことがあります。その時友人に「ユミコが日本人かどうかは自分には関係ない。ユミコはユミコでしかないんだよ」といわれ、はっとしました。これは私の心に残るいくつかの言葉のひとつになっています

それ以来、言葉の重みと自分の発した言葉への責任を常に感じながら生きています。

ですから私は、心にもないことをいう人や口だけ調子が良くて行動が伴わない人、ち

ゃんとNOやYESをいえない人は、とても苦手です。そしてこのネガティブな3Dワードを使う人も極力避けています。なぜなら3Dワードを使うのは幸せでない人、嫉妬心が強い人、人を受け入れず斜めに見て素直でない人たちばかりだからです。

もしあなたの人生がついていないなとか、つまらないなと思うのなら、3Dワードを使っていないかどうか思い返してください。あるいは3Dワードを使う人とばかり一緒にいるのかもしれません。

人生において幸せを次々得る人の共通点は、素直さです。素直というのは、小さな子どものように他人の意見を聞いて流されてしまう人や相手の感情を考えずに思いのままに話す人ではありません。

自分の芯は持ちつつ、相手の意見も聞ける人。その意見が素晴らしいと思えば、どんどん取り入れる人。

自分と価値観の違う人を許容できる人。

相手に褒められたら嬉しそうに「ありがとう」がいえる人。

無理せず必要な時には人のやさしさに甘えられる人。

どんな状況でも物事の見方がポジティブな人。

心地良いことや楽しいことを自分の生活の中に取り入れるのが上手な人たちです。素直に生きていると「きっと何とかなるよね」と心にゆとりが生まれてくるはずです。そのゆとりこそ、人が感じる幸せ感なのです。幸せも不幸も伝染するものです。

不幸を呼ぶ3D、今日からやめてください。

モヤモヤを解消するセルフカウンセリング

感じたことを書き出せば自分の心がわかる

心にうずまくモヤモヤ感を解消するためには、その原因を突き止めることが大切です。といっても、私たちの心は複雑です。様々な感情がひしめきあっていますから心のモヤモヤを特定することは簡単ではありません。けっして単純ではないモヤモヤの原因を解明するためには、自分の心と向き合うことが必要です。

ニューヨークでは気軽にカウンセリングに通え、ドクターやカウンセラーに話を聞いてもらい、自分の心と向き合うことができますが、日本ではまだハードルが高いもの。精神科や心療内科に通うのには抵抗がある、という方は、セルフカウンセリングでモヤモヤの原因を明らかにしましょう。

まず、自分が不快に感じたこと、悲しかったこと、辛かったこと、じつはイヤだといえなかったこと、傷ついたことを書き出してください。手書きでもパソコンでもかまいません。また書き方も、箇条書きでも、日記風に文章を書いても結構です。次のポイントを素直に書いてみましょう。

《何を感じているのか》

（例）疲れた。死にそうだ。どうにもならない。やっていられない。眠い。仕事を辞めたい。寂しい。友だちがいない。お金がない。うまく人と話せない。

《どうして悩んでいるのか、具体的に》

（例）仕事が忙し過ぎる。書類の提出期限に間に合わない。上司とうまくいかない。就職が決まらない。友だちはみんな結婚しているのに、私だけ独身。

どんなにネガティブなことでも自分を責めず、ありのままを書いてください。文章を書いていくうちに自分の心に向き合うことができます。心にたまったモヤモヤを文章に書き出したら、次は問題をクリアできる解決策があるかどうかを書きます。

《問題の中にもよいことはあるか》

（例）課長のAさんは嫌味ばかりいって、嫌なヤツだけれど、主任のBさんは大好き。仕事は忙しいけれど、残業代がたくさん入る。友だちはいないけど、その分、本を読む時間はたくさんある。独身だけれど、自由がある。

《解決策はあるか》

（例）相談事は嫌いなAさんではなく、Bさんにする。在宅でできるダブルワークを探す。残業した分、次の夏休みには、ヨーロッパにひとり旅に出よう。

具体的に言葉にすることで、モヤモヤの原因がわかります。原因を受け止め、解決するために行動することに、自分のエネルギーをかたむけてみてください。あなたの人生が必ず良い方向に動きはじめるはずです。

Epilogue

きれいになりたいのは
〝変わりたい〟から

「変えられないこと」ではなく「変えられること」に気づく

さあ、次のステージへ！

2011年3月11日、東日本大震災の日に9年近く住んだアメリカ、ニューヨークを引き払い、日本に戻って6年という年月が流れました。
東京都知事に小池百合子氏が就任し、安倍首相が「女性が輝く日本」を掲げています。日本もやっと女性の力を活かす時代がやってきました。この本を手に取ってくださった皆さまの中には、心のどこかがモヤモヤしていて変わりたい、もっと幸せになりたい、と思っている方が少なくないと思います。

私のところに、多くの女性が「きれいになりたい」といらしてくださいます。毎回気づくことは、ただ、きれいになりたい人は誰一人いないということです。自分を変えるきっかけのきれいであり、次のステージに進むためのきれいなのです。

世の中には、変えられないことと、変えられることが存在します。その昔、ニューヨークに渡る前の私は「変えられないこと」に執着してもがき、「変えられること」に全く気がつかない人生を送っていました。

それがニューヨークで、成功者と呼ばれる人たちに出会い、自分の間違いに気づかされることになります。自分を縛っていたのは、他でもない自分自身であり、当時私が抱えていた得体のしれない自信のなさは、人の目を気にして、自分軸ではなく、他人軸で生きたためであったことを痛烈に思い知らされるのです。

あなたがもし、自分を変えたい、もっと幸せを感じる人生を送ってみたい、と願っているなら、今すぐあなたの心の声、〝自分の好き〟に素直に従って行動してみてください。最初の一歩を踏み出すことはとても怖いことかもしれません。「失敗したら、どうしよう」と成功する自分をなかなか思い描くことが難しいかもしれません。もしそうなら、これまでの私がそうだったように、先に進んで輝いている方々の力をほんの少し借りて、背中を押してもらうのです。

高すぎると思っていた崖が案外低かったり、大丈夫と思って飛んだ崖が思いのほか高かったりします。不思議なことに、一歩前に踏み出せば、大変なことが続いて心折れそうな時でも、決してやめようとは思わないものです。それは〝自分の好き〟という心を大切にして生きているからに違いありません。

こんな私でも、目の前に2つの道が現れ、選択しなければいけない時は、ニューヨークで頂いた言葉を不思議なくらい思い出します。

「ユミコ、一体どうしたいの？」

この言葉を心に問いかけ、自分の素直な心が応えるのを待つのです。そして今、私の周りに集まってくださる生徒さんやお客様の背中を押し続けています(笑)。

なぜって、もし私が、自分の背中を押してくれる人たちに出会わなかったら、今ここで、この本を書いている素晴らしい幸運にもめぐり合っていないからです。私が変われたように、あなたもきっと変われるはずです。

人生に遅いも早いもありません。あなたの人生は、あなたが主役なのですから。

この先、どこかのステージで、皆さんと笑顔でお目にかかれる日を今からとても楽しみにしております。


最後にこの本を出版するにあたり、原稿を手伝ってくださった荻原みよこさん、星の数ほどある本の中から、私の処女作を手に取り連絡を下さり、一筋の光を与えてくださった編集の長谷川恵子さんに心より感謝いたします。

また私を応援してくださるすべての皆さまに、心からの感謝と愛をこめて、この本を贈ります。

2017年9月　一色由美子

一色由美子
いっしきゆみこ

イメージコンサルタント。

Y Style New York & Tokyo 代表。

(社)日本アンチエイジング・ダイエット協会理事長。

日本アンチエイジング歯科学会理事。

イネスリグロン監修「World Class Beauty Academy」外部講師。


東京女子大学卒業後、日産自動車株式会社に就職。結婚、出産を経て2002年ニューヨークへ。

イメージコンサルティングの本場ニューヨークにてドミニク・イズベックに師事したのち、「Y Style New York」を立ち上げ、ミリオネア、エグゼクティブのコンサルティングを手がける。

2011年帰国。ニューヨークの経験を活かし、外見のみならず、立ち振る舞い、コミュニケーションスキル、メンタル面からアプローチするサロンをオープン。

ビジネスパーソン、ドクター、政治家をはじめ、OL、女性起業家まで、幅広いクライアントを持つ。

また、企業、法人、大学、専門学校などで、セミナー講師としても活躍中。

自らの結婚、出産、子育て、起業の経験も含め、女性が自由に輝いて生きるためのスタイル作りを提案している。

http://www.ystyletokyo.com/

ニューヨーク・ミリオネアの教《おし》え
幸《しあわ》せをつかむ人《ひと》ほど「見《み》た目《め》」にお金《かね》を使《つか》う

2017年10月1日　第1刷発行
2017年10月15日　第2刷発行

著者　一色由美子《いっしきゆみこ》
発行者　佐藤 靖
発行所　大和《だいわ》書房
〒112-0014
東京都文京区関口1-33-4
電話：03-3203-4511

ブックデザイン　荻原佐織（PASSAGE）
校正　メイ
本文印刷　厚徳社
カバー印刷　歩プロセス
製本所　ナショナル製本

ISBN978-4-479-78396-1
乱丁本、落丁本はお取替えいたします。
http://www.daiwashobo.co.jp/